반찬여행

* 본 도서에 표기된 업체명과 지명, 운영 여부, 휴무 등은 도서 제작 시점을 기준으로 정리되었기에 도서 출간 이후 업체 및 지자체의 정책에 따라 변동될 수 있습니다.

* 본 도서에 표기된 업체명은 업체에서 제시한 기준을 기본으로 하였으나 가독성을 위해 띄어쓰기한 부분도 있습니다.

다 안다고 생각했지만, 서울

강남구

에뚜왈 … 14
티컬렉티브 … 15
코엑스 … 16
10 꼬르소 꼬모 … 17
식물관PH … 18
레스쁘아 뒤 이브 … 19

노원구

해피어샵 … 20
북서울미술관 … 21

마포구

서울콜렉터 … 22
앤트러사이트 … 23
티에리스 티 테이스팅룸 … 24
웬디앤브레드 … 25
오브젝트 … 26
산울림 소극장 … 27
망원시장 … 28

땡스북스 … 30
김밥레코즈 … 31
종이잡지클럽 … 32
오벌 … 33

서대문구

채운 … 34
서대문형무소역사관 … 35
유어마인드 … 36
글월 … 37
공씨책방 … 38

성동구

서울숲 … 40
오르에르 … 41
보난자 베이커리 … 42
마장축산물시장 … 44
에스팩토리 … 45

성북구

심우장 … 46
방식 꽃 예술원 … 48
수연산방 … 49
간송미술관 … 50
최순우 옛집 … 51

송파구

몽촌토성 … 52
잠실 한강공원 … 53
잠실 자동차극장 … 54
송파책박물관 … 55

용산구

사운즈 한남 … 56
디앤디파트먼트 서울 … 57
디뮤지엄 … 58
파르크 … 59
국립중앙박물관 … 60
비이커 … 61
현대카드 뮤직 라이브러리 … 62
파우스트 … 63
오차원 … 64

종로구

국립현대미술관 서울관 … 66
보안여관 … 67
이상의 집 … 68
북악스카이웨이 … 69
환기미술관 … 70
윤동주문학관 … 71
아르코미술관 … 72
낙산공원 … 73

광장시장 ⋯ 74
창경궁 ⋯ 75
광화문 교보문고 ⋯ 76
취운정 ⋯ 77

중구

명동 예술극장 ⋯ 78
문화역서울284 ⋯ 79
현상소 ⋯ 80
을지로 노가리 골목 ⋯ 81
을지로 평양냉면 거리 ⋯ 82
우주만물 ⋯ 83
신도시 ⋯ 84

쉼표가 필요하다면, 경기 북부

가평

크래머리 브루어리 ⋯ 88
아침고요수목원 ⋯ 89
더스테이힐링파크 ⋯ 90
화악산전망대 ⋯ 91

강화

마니산 ⋯ 92
대한성공회 강화성당 ⋯ 94
소창체험관 ⋯ 95
벨팡 ⋯ 96
석모도 미네랄 온천 ⋯ 97
조양방직 ⋯ 98
도레도레 ⋯ 99

고양

플레이그라운드 브루어리 ⋯ 100
피스피스 ⋯ 101
서오릉 ⋯ 102
북한산성 ⋯ 103

중남미문화원 ⋯ 104
현대 모터스튜디오 ⋯ 105

구리

동구릉 ⋯ 106
돌다리 곱창 골목 ⋯ 107

김포

카페진정성 ⋯ 108
대명포구 ⋯ 110
문수산성 ⋯ 111

남양주

봉선사 ⋯ 112
수종사 ⋯ 113
왈츠와닥터만 ⋯ 114
잇다제과 ⋯ 115

동두천

동광극장 ⋯ 116
텍사스 바베큐 ⋯ 117

양주

장욱진미술관 ··· 118
황뱅이 수변 산책로 ··· 119
장흥자생수목원 ··· 120
로슈아커피 ··· 121

양평

두물머리 ··· 122
구둔역 ··· 123
용문사 ··· 124

연천

태풍전망대 ··· 126
연천 호로고루 ··· 127
재인폭포 ··· 128
동이리 주상절리 ··· 129

의정부

제일시장 ··· 130
부대찌개 거리 ··· 131

인천

차이나타운 ··· 132
인천대공원 ··· 133
배다리 성냥 마을박물관 ··· 134
일광전구 라이트하우스 ··· 135

파주

벽초지수목원 ··· 136
지혜의 숲 ··· 137
임진각 관광지 ··· 138
마장호수 ··· 139
반김 크라프트 ··· 140

포천

전통술박물관 산사원 ··· 142
산정호수 ··· 143
비둘기낭 폭포 ··· 144
이동갈비촌 ··· 145
국립수목원 ··· 146

다채로운 경험을 즐기고 싶다면, 경기 남부

광명

광명동굴 ··· 150
충현박물관 ··· 151

광주

화담숲 ··· 152
카페인신현리, 스멜츠 ··· 153
남한산성 도립공원 ··· 154
광주 한옥마을 ··· 156
닻미술관 ··· 157

부천

플레이아쿠아리움 ··· 158
한국만화박물관 ··· 159
부천 한옥체험마을 ··· 160
아트벙커 B39 ··· 161

성남

정토사 … 162
새소리물소리 … 163
율동공원 … 164
신구대학교식물원 … 165

수원

수원화성 … 166
진미통닭 … 167
광교호수공원 … 168
삼성 이노베이션뮤지엄 … 169
플라잉수원 … 170
경기상상캠퍼스 … 171

시흥

오이도 … 172
월곶포구 … 173
갯골생태공원 … 174

안산

경기도미술관 … 176
시화달전망대 … 178
동춘서커스단 … 179
대부 바다향기 테마파크 … 180

안성

안성팜랜드 … 182
풍산개마을 … 183

안양

안양예술공원 … 184
망해암 … 185

여주

신륵사 … 186
세종대왕 역사문화관 … 187
카페우즈 … 188
강천섬 … 189

오산

물향기수목원 … 190
고인돌공원 … 191

용인

한국민속촌 … 192
백남준아트센터 … 194
호암미술관 … 195

의왕

레솔레파크 … 196
백운호수 … 197

이천

시몬스 테라스점 … 198
에덴파라다이스호텔 정원 … 199
이진상회 … 200
예스파크 … 201

하남

아쿠아필드 … 202
미사경정공원 … 203
주렁주렁 하남 … 204
하남 나무고아원 … 206
유니온파크 … 207

화성

국화도 … 208
궁평리 어촌체험마을 … 209
제부도 … 210
우음도 … 211
송산그린시티전망대 … 212

출근길 지하철 자리를 사수하기 위해 모르는 사람들과 눈치 게임을 하며 기운 빠진 몸을 이끌고 회사에 도착하자마자 고농축 카페인으로 충전하는 반차 씨. 반차 씨는 직장 생활 3년 차. 이제 어느 정도 업무가 손에 익어 일하는 재미도 느끼지만, 왠지 모를 허전함은 채워지지 않는다. '회사 생활이 나에게 맞는 건가?' 하는 의문이 꼬리에 꼬리를 물고 이어져, 한참 유행하던 퇴사의 흐름에 나도 따라가야 하는 건가 싶은 생각이 든다.

직장 생활에 연차가 쌓이면 퇴사 위기가 세 번 찾아온다고 한다. 바로 3년 차, 5년 차, 10년 차.

반차 씨는 첫 번째 퇴사 위기를 넘기며 회사를 슬기롭게 다니는 방법을 터득했다. 바로 '반차 여행'을 계획하는 것. 회사에 오후 반차를 내고 어디든 떠난다. 다른 직원들이 점심을 먹으러 가는 시간에 유유히 회사를 빠져나와 회사에서 점점 멀어지는 버스를 탄다. 버스를 타는 순간 회사 모드는 로그아웃.

주말에는 웨이팅 때문에 엄두도 못 내던 카페에 가거나, 여유롭게 미술관에 들르거나, 가끔은 차를 몰고 근교로 바람을 쐬러 간다. 단 몇 시간 동안의 짧은 여행이지만 오롯이 나를 위해 보내는 시간. 반나절 짧은 여행이지만 바쁘게 달려온 일상에 잠시나마 숨통이 트인다.

다 안다고
생각했지만, 서울

하루가 다르게 모습을 바꾸고 새로운 것이 더해지며
변화하는 곳, 서울. 도시를 여행할 때 오랫동안
자리를 지킨 유적지나 관광지를 둘러보는 것만큼이나
일상적인 풍경도 궁금증의 대상이 된다.
빡빡한 일정으로 짜인 규모 있는 여행보다 한낮에
마신 와인 한 잔, 길을 걷다 외관이 마음에 들어
들어간 카페가 더 기억에 남았던 것처럼. 다 안다고
생각했지만 여전히 알쏭달쏭한 도시. 반차 내고
가볍게 서울의 구석구석을 둘러보는 것은 어떨까?

강남구

에뚜왈

#빵지순례 #빵집투어

반차를 내고 맛있는 빵집을 향해 떠났다. 미각을 만족하고 싶다면 놓치지 말아야 할 곳. 가로수길에 작게 자리한 베이커리 에뚜왈이다. 마들렌, 갈레트, 크루아상 등 프랑스식 구움 과자를 판매하는 이곳은 빵 덕후들에게 사랑받는 빵집 중 하나다. 반지하에 위치해 있어 못 보고 지나치기 쉬운 곳 같지만 빵이 나오는 시간이 되면 사람들이 빵을 사기 위해 삼삼오오 줄을 서는 모습을 볼 수 있다. 에뚜왈과 멀리 떨어져 있지 않은 곳에 있는 아우어 베이커리, 비 파티세리, 듀자미도 함께 들르면 좋을 빵집 투어 코스다.

강남구 압구정로10길 35 지하1층

강남구

티컬렉티브

#삼성점 #17층루프탑 #세련된전통차

마치 여행을 온 듯 루프탑에서 차 한 잔을 즐길 수 있는 티컬렉티브. 크리에이티브 스튜디오 아트먼트뎁에서 오픈한 티 카페인 이곳은 한국의 질 좋은 전통 차를 현대적으로 재해석하여 국내외로 소개한다. 녹차, 홍차, 호박, 감잎 등 8가지 재료를 경남 하동의 차밭에서 공수하고 있다. 차 이외에도 방짜 기술로 만든 티스푼, 돌솥으로 만든 그릇 등 전통을 기반으로 한 제품들을 현대의 식탁에 어울리는 형태로 재탄생시키려 노력한다. 청담동, 신사동(킨포크 도산) 지점에서도 감각적인 분위기 속에서 차를 마실 수 있다.

강남구 봉은사로 449 17층

강남구

코엑스

#복합쇼핑몰 #영화쇼핑먹거리 #전시박람회

반차 씨는 이곳에서 자주 길을 잃는다. 구석구석 숨어 있는 즐길 요소가 많아 복잡하기 때문. 하지만 구경하는 재미에 길을 잃어도 즐겁다. 영화관, 쇼핑몰, 식당, 대형 도서관 등 볼거리와 즐길 거리가 한데 모여 있는 복합 공간 코엑스. 멀리 가지 않고 한 공간 안에서 다 누리고 싶은 이들에게 추천한다. 날씨에 구애받지 않고 놀 수 있는 실내라는 점이 큰 메리트다. '서울리빙디자인페어', '서울국제도서전', '서울일러스트레이션페어' 등 다양한 행사와 전시도 열리므로 일정을 체크해두었다가 방문하면 좋다.

강남구 영동대로 513

강남구

10 꼬르소 꼬모

#서울에서밀라노감성을 #패션피플

10 꼬르소 꼬모는 패션 저널리스트 까를라 소짜니가 밀라노에 오픈한 복합 공간으로, 한국과 중국에 분점을 두고 운영하고 있다. 시중에서 보기 힘든 인테리어 소품, 예술 서적, 패션 브랜드의 의류 등을 판매하고 전시가 열리기도 한다. 한편에는 이탈리아식 요리를 맛볼 수 있는 식당, 간단하게 커피를 마실 수 있는 공간도 마련되어 있다. 10 꼬르소 꼬모 특유의 패턴으로 인테리어된 건물이 경쾌한 느낌을 준다. 근처에 분더샵, 압구정 갤러리아 백화점 등 고급 패션 매장이 즐비하여, 세련되면서도 고급스러운 감성을 즐기고 싶다면 한번 들러보자.

강남구 압구정로 416

식물관PH

#초록색의상쾌함 #복합문화공간

식물원이면서 전시도 열리고 음료까지 즐길 수 있는 복합문화공간. 식물로 둘러싸인 공간에서 휴식을 취할 수 있는 곳이다. 본격적으로 들어서기 전부터 출입문에 달린 돌 모양의 손잡이를 보자 반차 씨의 기분이 설렌다. 꽃 한 송이 없이 각종 식물로도 조형미를 느낄 수 있는 공간으로, 한겨울에도 초록색이 주는 생기 있고 맑은 기운을 느낄 수 있다. 서울 끄트머리에 위치해 근교로 가는 느낌이 들기도 하니 복잡한 도심을 살짝 벗어나 드라이브하며 이곳에 들러보아도 좋겠다.

강남구 광평로34길 24

강남구

레스쁘아 뒤 이브

#프렌치레스토랑 #아늑함

입맛이 까다로운 이들도 만족하는 정통 프렌치 비스트로. 강남 한복판에 있어 가격대가 높을 것 같지만 점심 코스가 의외로 저렴해 노려볼 만하다. 에멘탈 치즈와 바게트를 그라탱하고 브랜디로 마무리한 양파 수프와 송로버섯 소스를 더한 오리 콩피, 푸아그라 등 파리보다 더 파리 같은 요리를 맛볼 수 있다. 요리도 훌륭하지만 클래식한 디저트도 인기 만점. 반차 씨가 추천하는 필수 디저트는 크렘 브륄레. 커스터드 크림 위에 유리처럼 얇은 캐러멜 토핑을 스푼으로 톡톡 깨면 맛의 기대감이 상승한다. 유행에 흔들리지 않고 꾸준히 자기 맛을 내며 사랑받는 이곳은 2020년 미쉐린 가이드에도 등재되었다.

강남구 선릉로152길 33

해피어샵

#오롤리데이 #다이브인브레드

낯선 동네를 탐험하는 것을 좋아하는 반차 씨. 오늘은 상계동에 도착했다. 아직 젠트리피케이션이 덮치지 않은 상계동에 젊은 감각이면서도 편안한 공간인 해피어샵이 생겼기 때문이다. 홍학 튜브, 분홍색 콘셉트로 유명했던 원남동 카페 오롤리데이가 다이어리, 노트 등의 팬시용품을 파는 문구 숍으로 재정비해 상계동으로 옮겨 온 것이다. 동네 골목의 주택가를 지나면 해피어샵과 함께 있는 빵집 다이브인브레드, 디지털 노마드 놀이를 할 수 있는 작업 공간 낫론리비해피어까지 있다(시간제 운영). 서울의 복잡한 곳을 벗어나 조용하게 쉬고 싶은 이들을 위한 곳이다.

노원구 한글비석로35길 16-3

> 노원구

북서울미술관

#문화생활 #나들이

공원 속 작은 동산 위에 세워진 북서울미술관. 공원을 산책하면서 미술관도 경험할 수 있도록 산책로와 미술관의 입구가 연결되어 있다. 자연과 어우러져 일상 속에 스며든 예술을 보고 느낄 수 있다. 낮에 조용히 혼자 와서 관람해도 좋고, 아이들을 위한 어린이 전시실도 있어 주말에 가족들과 나들이 오기에도 제격이다. 그뿐만 아니라 독립 출판물을 내는 작업자들이 모인 서울아트북페어 '언리미티드 에디션'도 최근 몇 년간 열리고 있어 다채로운 영역의 예술을 관람할 수 있다.

> **노원구 동일로 1238**

마포구

서울콜렉터

#서울현대의리빙 #수집가의공간

한국의 근현대 생활상을 그대로 느낄 수 있는 생활용품을 수집하는 곳. 반차 씨보다 나이가 더 많은 우표, 괘종시계, 찻잔, 테이블 등의 물건들이 있다. 그저 관람만 해야 할 것 같은 값비싼 제품보다는 우리가 늘 보고 만지며 실생활과 밀접한 것들로 채워져 있다. 공간 또한 1970~80년대 가정집을 개조해 평범한 집의 모습을 띠고 있다. 서울을 기반으로 하지만 태국, 미국 등 해외에서 들여오거나 그 영향을 받아 디자인한 물건도 있다. 홍차, 디저트를 맛볼 수 있는 카페 공간도 마련되어 있으니 여유롭게 휴식을 취하면서 둘러보아도 좋겠다.

마포구 성미산로 191 2층

마포구

앤트러사이트

#카페투어 #공장개조카페의원조

신발을 만들던 폐공장을 개조해 만든 카페 앤트러사이트. 예전에 쓰던 공장 건물을 철거하지 않고 철문부터 컨베이어 벨트까지 그대로 사용해 옛것을 현대식으로 구현했다. 이제는 눈에 익은 철골 구조를 노출하는 재생 건축 스타일이지만 앤트러사이트는 여느 카페들의 원조가 아닐까. 유행하는 디자인을 따랐다고 할 수도 있지만 서울 합정동, 연희동, 서교동, 한남동, 서초동, 제주도 한림동까지 지속적으로 지점이 생기면서 커피 마니아들의 변함없는 사랑을 받고 있다. '파블로 네루다', '나쓰메 소세키' 등 문학가의 이름을 딴 원두로 내린 커피를 맛보는 즐거움을 누릴 수 있다.

마포구 토정로5길 10

마포구

티에리스 티 테이스팅룸

#홍차 #다원

세계의 차 산지를 여행하며 테이스팅한 차 중 세심히 고른 차를 들여오는 이곳은 '티 액티비티'라는 코스를 통해 차를 준비하고 우리고 맛보는 모든 순간을 경험하게 도와준다. 반차 씨는 시연을 통해 차를 맛본 다음 취향에 맞는 차와 다구를 구입해 다도의 세계에 입문했다. 또한, 차의 기본부터 티 테이스팅 실습 및 영국과 인도 홍차의 차이점도 알아볼 수 있는 유료 클래스까지 운영한다. 자신이 좋아하는 재료들로 브루잉할 수 있는 레시피까지 소개되니 차에 관심이 있다면 놀러 가보자.

마포구 성지1길 39 2층

마포구

웬디앤브레드

#파리에서와인마시는것처럼 #꼭대기층계단조심 #SNS예약제

아이돌 콘서트 티켓팅처럼 어렵다던 와인 바 예약에 성공한 반차 씨는 오늘만을 기다려왔다. 반차 씨가 향하는 곳은 연남동 골목에 위치한 웬디앤브레드. 낮에 루프탑에서 와인을 즐길 수 있는 공간이자 혼술을 표방하는 캐주얼 와인 바이다. 빈티지 잔에 담아내는 로제와인이 이곳의 시그니처. 자연스러운 미장의 인테리어와 파리에서 직접 공수해 온 소품들이 프렌치 무드를 물씬 자아내 일상에서 벗어나 잠시 여행 온 기분을 느끼게 한다. 안주는 주문하지 않아도 좋으니 와인을 꼭 드셔보라는 주인장의 애주가 적인 태도에서, 반차 씨는 술에 약한 편임에도 와인 한 잔을 더 주문했다. 시간제로 운영되어 아쉽게 자리를 떠야 했지만 와인 리스트와 음식이 종종 업데이트되기 때문에 반차 씨는 다음에 또 오리라 다짐했다.

마포구 성미산로 190-11 3층

마포구

오브젝트

#잡화점 #생활용품

쉽게 사고 쉽게 버리는 시대에 '현명한 소비의 시작'이라는 슬로건이 반차 씨의 마음을 사로잡았다. 오브젝트는 디자인 문구, 생활용품, 주방용품, 의류 등 잡화를 판매하는 곳이다. 입구에 들어서면 아기자기한 일러스트가 그려진 문구들이 시선을 사로잡고 저마다 고유한 철학과 소신이 담겨 있는 브랜드의 물건들을 살펴볼 수 있다. 그와 관련된 전시도 꾸준히 열리고 있다. 홍대에 위치한 본점을 시작으로 삼청점, 대구점, 부산점, 제주점, 최근 망원동에 생긴 리사이클 지점까지 연이어 오픈하면서 물건과 소비의 중요성을 알린다.

마포구 와우산로35길 13

마포구

산울림 소극장

#공연 #고전과현대

복작복작한 홍대 메인 거리를 지나 조금 더 올라오면 분위기가 사뭇 다른 건물 하나를 마주할 수 있다. 100석 규모의 아담한 산울림 소극장은 극단 산울림의 전용 극장으로 시작해 이제는 소위 '연극 학교'라고 불릴 만큼 다수의 연극인을 배출한 곳이다. 공연예술 전 분야에서 고전과 현대를 아울러 선별된 공연만을 고집스럽게 올린다. 반차 씨는 인근의 수카라, 아메노히 커피점에서 밥을 먹고 커피를 마시는 코스를 추천한다.

마포구 와우산로 157

망원시장

#동네시장 #넉넉한인심

'망리단길'로 불리는 핫 플레이스 집합소에 우뚝 서 있는 전통 시장. TV 매체에도 수없이 많이 소개된 곳이다. 장을 보러 온 동네 주민과 동네에 놀러 온 외지인이 한데 뒤섞여, 전통 시장의 왁자지껄한 분위기와 젊은 에너지가 물씬 느껴진다. 시장에서 늘 취급하는 과일, 생선, 채소 등의 제철 식재료들과 의류, 꽈배기나 식혜 같은 간식거리를 판매하는 상점까지 1년 365일 늘 북적이고 있다. 반차 씨는 날이 좋으면 망원시장에서 먹거리를 사서 근처 한강공원으로 피크닉을 가곤 한다. 날씨가 좋다던 이번 주에 한강공원으로 피크닉을 떠나보는 건 어떨까?

마포구 망원동 403-6

땡스북스

#동네서점 #잡지 #전시

사람들로 빽빽한 거리, 저녁이 되면 휘황찬란한 네온사인으로 가득한 홍대 거리에 조용히 자리를 지키는 서점 하나가 있다. 합정역 인근의 길을 따라 걷다 보면 노란색 바탕에 검은색 글자가 쓰여 있는 간판이 눈에 띈다. 10여 년간 홍대의 간판 서점으로 자리매김 하는 땡스북스. 북 디렉터가 추천하는 추천 도서부터 여러 작가와 협업한 문구들, 한쪽에서 꾸준히 열리는 작은 전시까지 바삐 움직이는 홍대 속에서 조용하게 쉼표를 느낄 수 있는 곳이다.

마포구 양화로6길 57-6

> 마포구

김밥레코즈

#바이닐 #음반 #공연

음원이 익숙한 요즘, LP를 사는 사람이 있냐고 물을지도 모른다. 그러나 있다. 그리고 이런 취향의 사람들이 자주 찾는 레코드 숍이 있다. 제자리에서도 구경이 가능할 정도로 다락방같이 아담한 매장이지만 레코드, CD, 카세트테이프, 아티스트들의 머천다이즈로 알차게 채워져 있는 김밥레코즈. 팝, 재즈, 록, OST, 제3세계 음악까지, 듣고 후회할 만한 음반은 가져다 놓지 않는다는 기준에 맞게 귀가 즐거운 음악이 가득하다. 그 밖에 앨범 제작, 공연 기획 등을 주최하며 국내 최초의 레코드 페어인 '서울레코드페어'를 이끄는 곳이기도 하다.

> 마포구 월드컵북로2길 90

종이잡지클럽

#종이잡지 #아날로그

"이런 시대에 종이 잡지를 읽는다는 건 좀 촌스럽긴 하죠." 종이잡지클럽 입구에 적힌 문구다. 종이 잡지를 보며 자라서인지 손과 눈으로 휘리릭 넘기는 즐거움과 TMI를 발견하는 기쁨에 반차 씨는 촌스럽지만 아직도 종이 잡지를 찾는다. 합정역 골목에 국내외 잡지가 가득 채워진 곳이 있다는 소식에 찾은 종이잡지클럽. 일일 이용권과 장기 이용권이 있는데 부담스럽지 않은 금액으로 해당 기간 무제한으로 잡지 열람이 가능하다. 개성 넘치는 다양한 잡지와 월별 기획을 통해 주인장이 큐레이션한 잡지도 만나볼 수 있다. 종이잡지클럽 사용 설명서에는 이런 문구도 적혀 있다. "이런 시대에 종이 잡지를 읽는다는 건 좀 촌스럽긴 하지만 해볼 만한 일이죠."

마포구 양화로8길 32-15 지하1층

마포구

오벌

#오벌 #문구덕후 #편집숍

그래픽 디자이너 김수랑 디렉터가 2008년 오픈한 홍대의 문구 편집 매장. 유행에 따르기보다 수집가의 소신으로 10년 넘게 운영하는 이곳엔 연필 한 자루에도 일일이 생산 연도를 써 붙이는 정성이 느껴진다. 연필을 비롯해 노트, 편지지, 문진 등을 주로 취급하고 가죽 브랜드나 화방 브랜드의 제품도 소개한다. 물건 하나하나에도 의미를 부여하는 이곳에서 반차 씨는 진정한 문구의 세계를 경험했다. 오벌 이외에도 망원동의 소소문구, 연남동의 흑심 등 문구 덕후들의 눈이 반짝일 문구점들이 있으니 문구 투어를 해보는 것도 추천한다.

마포구 와우산로29길 48-29

서대문구

채운

#클래스 #도예공방

회사가 좋았다가 싫었다가 하는 3년 차 반차 씨. 벌써 퇴사하기는 애매하고 퇴사해도 무엇을 해야 할지 몰라 원데이 클래스를 기웃거리곤 한다. 세라믹 스튜디오 채운은 흙을 이용해 다양한 도예 작품을 만들고 체험할 수 있는 공방이다. 여러 작가가 만든 작품들을 모은 갤러리, 도예를 직접 배우는 공간이 있으며 클래스 이후에는 자신이 만든 도예 식기와 함께 일종의 종강 파티 시간도 가진다. 반차 내고 가볍게 둘러봐도 좋고 꾸준히 도예를 배우면서 향긋한 차와 함께 오후의 시간을 보내는 건 어떨까.

서대문구 연희로15길 52

서대문형무소역사관

#대한민국역사 #고맙습니다

어떤 방송 프로그램에서 외국인 관광객이 서대문형무소역사관을 방문해 한국의 근현대 역사에 관해 이야기하는 모습을 보았다. 반차 씨도 몰랐던 역사적 사실과 우리의 아픈 역사까지 이야기하는 그들의 모습은 반차 씨를 자연스레 우리나라 역사의 현장으로 이끌었다. 서대문형무소는 일본 제국주의가 지은 근대식 감옥으로 80년 동안 감옥으로 사용했다. 붉은 벽돌로 지어진 이 건물은 많은 독립운동가가 갇혔으며, 해방 후에는 독재 정권과 군사 정권에 저항했던 민주화 운동가들이 갇혔던 장소다. 우리가 자유롭게 지낼 수 있는 건 이 나라를 지켜준 수많은 분이 있었기 때문이다. 그분들께 감사한 마음으로 잊지 말아야 할 과거를 상기시키는 소중한 시간이었다.

서대문구 통일로 251

유어마인드

#독립서점 #아트북페어

연남동, 홍대와는 또 다른 매력이 느껴지는 동네 연희동. 연희김밥, 사러가 마트 등 골목길을 채우고 있는 가게들을 지나면 주택가 2층에 자리한 서점을 발견할 수 있다. 젠트리피케이션을 피해 홍대에서 연희동으로 이전한 유어마인드. 문을 연 지 10년이 지난 이곳은 오로지 독립 출판물만 취급하는 서점이다. 애서가들, 서점 투어를 하는 이들이 반드시 들르는 곳이기도 하다. 기성 대형 서점에서는 쉽게 보기 힘든 주제와 작가들의 작품이 모인 이곳에서 마음에 드는 책 한 권을 골라보자.

서대문구 연희로11라길 10-6 2층

서대문구

#편지가게 #아날로그감성심쿵

어릴 때 모르는 친구와 편지를 주고받았던 펜팔이 생각나는 편지 가게. 반차 씨는 이곳에 들어서자 팬시점에 가서 편지지를 고심해서 고르고, 예쁜 색깔의 펜으로 한 글자 한 글자 정성 들여 편지를 쓴 후 우표를 붙여 우체통에 넣었던 기억이 선명히 떠올랐다. 이곳은 질감 좋은 편지지와 편지 봉투가 종류별로 가득하며 나에게 편지를 쓰거나 펜팔 서비스를 이용해 모르는 이에게 편지를 써볼 수도 있다. 레터 서비스를 신청하면 간단한 인터뷰를 진행하고 그 내용을 편지로 정리해 보내준다. 세월이 흐르면서 바쁜 일상 뒤에 잊고 있던 낭만을 되새겨보는 건 어떨까. 월~수요일은 편지 작성자를 위한 예약 방문일, 목~토요일은 물건을 구매할 수 있는 숍 오픈이니 참고하자.

서대문구 증가로 10 403호

서대문구

공씨책방

#신촌 #헌책방

1972년부터 이어져 오는 고유한 헌책방. 경희대 인근에서 첫발을 내디딘 것을 시작으로 광화문과 청계천 일대를 지나 현재 신촌과 성수동에서 운영하고 있다. 점차 치솟는 임대료를 이기지 못해 장소를 이전하고 있지만 꿋꿋하게 헌책방을 지켜나간다. 쌓여 있는 책들 하나하나를 모두 기억하는 사장님의 모습에서 책에 대한 애정을 느낄 수 있다. 헌책뿐만 아니라 LP도 판매하고 있어 오래된 서울의 정서를 한껏 만끽할 수 있다.

서대문구 신촌로 55-2

성동구

서울숲

#나들이 #한강

도심 속 자연에서 개방감과 청량감을 느끼고 싶어 반차 씨는 서울의 센트럴파크 서울숲을 찾았다. 35만 평에 달하는 거대한 면적의 서울숲에 머물다 보면 서울이 아닌 다른 세상에 와있는 기분이 든다. 4가지 특색 있는 공간으로 구성되어 있어 숲길 산책이 지루하지 않게 돕는다. 친구, 애인, 가족들과의 나들이로도 제격이다. 한강 선착장과도 연결되어 숲과 강을 동시에 즐길 수 있다. 성수동은 젊은 예술가들의 쇼룸, 공방, 트렌디한 맛집이 즐비해 동네만의 매력을 오감으로 느낄 수 있다.

성동구 뚝섬로 273

오르에르

#긴말이필요없다 #전시 #문구

취향에 관한 모든 경험을 하고 싶다면 이곳만 들러도 될 정도로 수집의 끝판왕을 보여주는 곳. 카페를 비롯해 문구, 오브제 등 주제를 가리지 않고 방대한 양의 지식을 수집하고 걸러내서 농축된 형태로 전시한다. 뭇 힙스터들만의 공간 같지만, 서울의 소비자들을 새로운 레벨의 문화 세계로 이끌어나가는 곳이다. 건물 하나만 돌아도 시간 가는 줄 모르고 보물찾기를 하게 되는 공간이다.

성동구 연무장길 18

성동구

보난자 베이커리

#건강빵 #착한빵집

'건강한' 빵은 맛이 없을 거라는 편견을 깨는 곳. 유기농 밀가루를 쓰고 우유, 설탕, 계란, 버터를 넣지 않고 빵을 만드는 이곳은 장시간 저온 숙성한 빵을 그날 만들어서 당일 판매한다. 빵이 나오는 시간대에 맞춰 가면 더욱 맛있는 빵을 먹을 수 있다. 반차 씨가 추천하는 메뉴는 와인살라미. 짭조름한 살라미와 와인이 들어가 식사 빵으로도, 맥주 안주로도 그만. 저녁 늦게까지 영업하지만 빵이 다 판매되면 셔터를 내리니 일찍 가는 것이 좋다. 주변에 있는 베이커리 밀도, 어니언까지 방문하면 성수동 빵집 투어는 끝!

성동구 왕십리로5길 9-2

성동구

마장축산물시장

#한우 #고기는여기로

서울의 손꼽히는 축산물 시장. 시장 내 정육점에서는 질 좋은 한우와 돼지고기를 저렴하게 구입할 수 있고 구입한 고기를 정육 식당에서 바로 구워 먹을 수 있다. 정육점과 정육 식당 이용이 번거롭다면 마장동 먹자 골목에 있는 가게에 들러도 좋다. 반차 씨는 회사 업무에 지쳤을 때 신선한 고기와 소주 한잔으로 원기를 보충한다. 분위기 좋은 술도 좋지만, 우리 곁에 늘 있는 친근한 소주 한잔이 색다른 낮술의 운치를 안겨줄 수 있을 것이다.

성동구 마장로 31길 40

> 성동구

에스팩토리

#페스티벌 #복합문화공간

성수동의 복합문화공간 에스팩토리. 성수역에서 도보 5분 거리에 있는 교통 여건까지 더해져 새로운 핫 플레이스로 주목받고 있다. 성수동 예술가들의 활동을 위한 합리적인 임대료를 제시해 공방 공간을 마련했고 미니 방송국, 전시, 음악 페스티벌, 루프탑 파티, 패션 브랜드 오프닝 파티까지 1년 내내 많은 행사가 열리고 있어 무경계의 진정한 문화 콘텐츠를 즐길 수 있다.

> 성동구 연무장15길 11

성북구

#만해한용운 #성북동골목

가끔 날이 쾌청하면 시집을 들고 심우장에 갔다. 툇마루에 앉아 햇볕에 얼굴을 그을려보았다. 살짝 달아오를 즈음이면 조용한 가운데 새소리, 나뭇잎 바스락거리는 소리, 바람 소리가 들려왔다. 그간 눈과 귀에 쌓인 것들이 단번에 씻기는 기분이 들었다.

- 『우리 취향이 완벽하게 일치하는 일은 없겠지만』 중에서

반차 씨는 책의 구절을 읽고 만해 한용운의 생가를 찾았다. 과연, 조용한 달동네의 심우장 마루에 앉아 풍경을 느끼자니 그날의 걱정이 사라지는 듯하다.

성북구 성북로29길 24

성북구

방식 꽃 예술원

#1세대플로리스트 #꽃꽂이입덕

서울 한복판에 꽃과 나무가 무성한 카페가 있다. 국내 1세대 플로리스트인 방식은 꽃 예술을 배우기 위해 1970년 독일로 떠난 뒤 마이스터 플로리스트가 되어 돌아와 방식 꽃 예술원을 열어 지금까지도 플로리스트로 활동하고 있다. 클래스와 아카데미를 통해 꽃꽂이를 배우는 것부터 초록색 풍경 가득한 카페에서 마시는 커피 한잔까지. 힙한 곳에 질렸다면 한적하고 여유로운 이곳에 들러보는 건 어떨까.

> 성북구 성북로5길 37-2

성북구

수연산방

#이태준 #황진이

소설가 이태준의 고택을 개조한 찻집 수연산방. 원래의 모습이 많이 남아 있어 전통 한옥의 고즈넉한 분위기를 자아내는 곳이다. 아담하고 정갈한 정원과 대청마루가 있는 풍경에서 차분히 차와 다과를 즐길 수 있다. 성북동을 여행하는 외국인 사이에서 이미 입소문이 나 있는 곳이지만 반차 씨처럼 로컬 한국인도 시간 내어 알음알음으로 찾을 정도로 아름다운 곳이다.

성북구 성북로26길 8

성북구

간송미술관

#최고의소장가치

소장품만으로도 한국의 근현대사와 미술을 서술할 수 있을 정도로 국내 최고 수준의 수집력을 자랑하는 간송미술관. 간송 전형필 선생이 평생에 걸쳐 수집한 문화재와 유물 5천여 점이 고이 간직되어 있다. 일제 강점기 시절에 약탈당한 우리 문화재를 지키기 위해 간송 선생이 전 재산을 쏟아부었다는 사실이 반차 씨에게 더욱 뜻깊게 다가온다. 현재 보존 공사로 인해 휴관 중이며 2020년부터 봄, 가을 정기 전시로 다시 개관 예정이다.

성북구 성북로 102-11

성북구

최순우 옛집

#도심속콘서트 #뚜벅이추천코스

성북동에는 옛 모습 그대로를 보존하고 있는 가옥이 많은데 최순우 옛집도 그중 하나다. 국립중앙박물관 4대 관장이자 미술사 학자였던 최순우 선생의 집으로 각종 전시와 행사가 열린다. 성북동 투어를 한다면 '음악이 꽃피는 한옥'이라는 주제로 열리는 정기 콘서트는 꼭 봐야 하니 일정을 미리 체크해두는 것이 좋겠다. 날이 좋을 때 성북동을 산책하고 싶다면 반차 씨는 한성대입구역에서 내려 최순우 옛집 - 길상사 - 심우장 - 수연산방 - 다시 한성대입구역으로 돌아오는 코스를 추천한다.

성북구 성북로15길 9

송파구

몽촌토성

#나홀로나무 #산책로

올림픽공원을 끼고 휴식 공간이자 시민들의 산책로로 이용되고 있는 몽촌토성. 일몰 풍경이 장관이라 혼자 산책하거나 친구, 연인, 가족과 함께 나들이를 오기에 제격이다. 토성 안에 있는 넓은 잔디밭은 늘 사람들로 붐비며 야외에서 열리는 음악 페스티벌도 오다가 볼 수 있다. 길을 따라 걷다 보면 나오는 '나홀로나무'는 친구, 연인들의 스냅 사진 명소로 잘 알려져 있다. 나홀로나무에 가려져 인지도는 조금 떨어지지만 550년 넘게 살고 있는 몽촌토성 내 최고령인 은행나무를 반차 씨는 너무나 좋아한다. 사람의 발길이 닿지 않는 곳곳엔 나무들이 무성해 역사가 남겨준 자연에 들어온 듯한 기분이 든다.

송파구 올림픽로 424

송파구

잠실 한강공원

#카약 #이색데이트

많은 한강공원이 있지만 잠실 한강공원을 찾은 반차 씨. 서울을 가로지르는 한강공원 중에서도 잠실 한강공원은 휴일에 인파로 북적이는 여의도나 망원, 뚝섬의 한강공원과 비교해 한적한 편이라 산책을 즐기기에 좋다. 한강을 따라 이어지는 산책로를 걷거나 자전거를 타기도 하고 한강에서 카약을 하는 등 저마다 여유로운 시간을 보낼 수 있다.

> **송파구 한가람로 65**

송파구

잠실 자동차극장

#운치있는영화관

TV에서만 보던 자동차극장이 아직도 서울에 남아 있다. 잠실종합운동장 뒤편 탄천공영주차장에 있는 잠실 자동차극장이다. 좌석 지정이 되지 않아 현장 예매만 가능한데 마음에 드는 자리에 주차할 수 있지만 사람이 많을 경우 도착한 순서대로 자리가 배치될 수도 있다. 자동차 극장의 매력은 뭐니 뭐니 해도 먹고 싶은 음식 잔뜩 사서 마음대로 먹는 것! 조용한 차 안에서 즐기는 영화와 스크린 뒤로 보이는 야경까지 일반 영화관에선 경험할 수 없는 자동차극장만의 낭만이다. 남산 자동차극장은 2019년 초 영업이 종료되었으니 참고하자.

송파구 잠실동 1168-1

송파구

송파책박물관

#책덕후

책을 좋아하고 만드는 과정에 관심이 많은 반차 씨에게 안성맞춤인 송파책박물관. 책에 관한 유익한 정보들로 구성되어 있는데 반차 씨가 가장 흥미롭게 살펴본 것은 책 한 권이 나오기까지 과정을 소개한 전시실이다. 글을 쓰는 작가의 방을 시작으로 출판 기획자의 방, 편집자의 방, 북 디자이너의 방으로 구성되어 하나하나 살펴보는 재미가 쏠쏠하다. 특히 북 디자이너의 방에서는 표지 디자인을 고심하는 작업자의 책상과 북 디자인 연대표를 통해 국내 출판의 표지 연대기를 살펴볼 수 있다. 이 외에도 활판 인쇄 전시와 개성 있는 독립 출판물도 있으니 책에 관해 속속들이 알고 싶다면 방문을 추천한다.

송파구 송파대로37길 77

용산구

사운즈 한남

#라이프스타일완전체 #도심속리조트

편안하고 무드 있게 식사를 즐길 수 있는 음식점, 맛있는 커피와 빵을 파는 카페, 큐레이터가 엄선한 책들이 진열된 서점, 심도 있는 사운드를 경험할 수 있는 뮤직 라운지, 퇴근 후 가볍게 마실 수 있는 와인 바, 싱글 혹은 2인까지 거주할 수 있는 주거 공간. 이 모든 것이 한데 모여 있는 곳이 있다. 바로 사운즈 한남이다. 디렉터의 손길을 거쳐 세공된 복합문화공간은 많지만 왜 이곳에 특히나 많은 사람이 모여들까? 반차 씨는 이곳이 한나절 내내 있어도 지루하지 않을 만큼 라이프 스타일의 로망을 실현할 수 있기 때문은 아닐까 하고 생각했다.

용산구 대사관로 35

> 용산구

디앤디파트먼트 서울

#오래가는디자인 #MMMG #앤트러사이트 #같은건물

무쇠 가마솥, 빗자루, 어릴 적 먹었던 떡볶이 그릇, 고전 캐릭터가 새겨진 맥주잔…. 서울의 한 편집 숍인 줄 알았건만, 할머니 댁에서 흔히 볼 수 있는 물건들이 즐비하다. 디앤디파트먼트에서는 옛것을 그대로 흘려보내지 않고 새롭게 재해석하여 소개한다. 빈티지, 유즈드, 오랜 시간 한 우물을 판 장인의 특산품까지 시대에 구애받지 않고 오랫동안 쓸 수 있는 디자인의 물건을 판다. 유행에 특히 민감한 요즘, 시간을 간직한 물건들 앞에서 반차 씨는 앞으로 어떤 소비를 해야 할지 다시금 생각해보았다.

> **용산구 이태원로 240**

용산구

디뮤지엄

#트렌디한전시

다양한 문화생활을 즐기고 싶어 미술관에도 몇 번 방문해봤지만 영 어렵게만 느껴지는 반차 씨. 디뮤지엄은 예술을 일상으로 끌어와 누구나 쉽게 예술에 접근할 수 있도록 문턱을 낮췄다. 동네를 산책하듯 머리 식힐 겸 둘러보기 좋은 전시들이 기획되어 있다. 무겁지 않지만 그렇다고 가볍지도 않은 전시들로, 반차 씨처럼 예술의 영역에 한 발 더 가까이 가고 싶은 이들에게 추천한다. 근처 구슬모아당구장에서도 다양한 전시가 이뤄지니 전시 일정을 확인해 함께 방문하자.

용산구 독서당로29길 5-6

파르크

#정돈된한식 #가정식

2분 데우면 끝인 간편 밥, 카레 같은 한 그릇 식사, 서양식 파스타에 이르기까지 다채로워진 요즘의 식탁에서 밥, 국, 반찬으로 구성된 '집밥'다운 밥은 실상 먹을 일이 많지 않다. 더구나 바쁜 직장인인 반차 씨로선 신선한 재료로 건강을 따져가며 요리해 먹을 일이 거의 없다. 파르크는 이런 갈증에 발맞추어 집밥을 표방한 건강하고 깔끔한 한식을 제공한다. 횡성산골더덕과 새송이구이, 탕수버섯, 우렁강된장비빔밥 등의 메뉴를 정갈하고 슴슴한 맛으로 즐기고 싶다면 이곳에 들러보자.

용산구 이태원로55가길 26-5

용산구

국립중앙박물관

#가족나들이 #지루하지않아요

지루해서 하품하며 배웠던 교과서 속 유물이 생생한 재미로 다가오는 곳. 우리나라 역사의 변천사를 보려면 이곳에 가야 한다고 단언할 수 있을 정도로 전시장 규모부터 세계 6대 박물관에 속할 정도로 크다. 대한 제국 시절에 세워진 최초의 박물관과 해방 이후 조선총독부박물관까지 인수하여 통합적인 전시를 구성한 곳인 만큼 내실 있는 진귀한 유물들이 가득하다. 교육 전시뿐만 아니라 아시아, 유럽 등 세계 문화를 접할 수 있는 상설 전시도 훌륭하다.

> 용산구 서빙고로 137

용산구

비이커

#멀티브랜드 #서울의패션

새 옷을 사고 기분 전환 하고 싶은데 어디로 가야 할지 고민될 때, 최신 유행 또는 고유한 스타일이 있는 브랜드를 한눈에 보고 싶을 때 반차 씨는 편집 매장 비이커를 찾는다. 다양한 물질을 혼합하는 실험 도구 비이커에서 따온 이름처럼, 서울의 디자이너가 제작한 의류를 중심으로 뉴욕, 유럽, 일본 등에서 수입한 브랜드 의류가 조화롭게 진열되어 있다. 의류뿐만 아니라 향초, 디퓨저 등 생활용품도 판매되고 있어 구경하느라 시간 가는 줄 모른다.

용산구 이태원로 241

용산구

현대카드 뮤직 라이브러리

#레코드수집 #음악의모든것

마포구의 김밥레코즈가 인디 계열의 레코드 숍이라면 현대카드 뮤직 라이브러리는 대기업의 손길이 닿은 메이저한 레코드 수집 공간이다. 1만여 장의 컬렉션이 시대별, 장르별로 큐레이션되어 있으며 턴테이블 코너에서 듣고 싶은 LP를 들을 수 있게 했다. 점점 간편화되는 디지털 시대에 잊고 있던 아날로그적인 사색을 경험할 수 있다. 단순히 컬렉션으로 전시하는 것에서 그치지 않고 '코리아 컬렉션', '레어 컬렉션' 등 주제를 정해 대중음악부터 희귀한 앨범까지 망라하여 소개한다.

용산구 이태원로 246

파우스트

#클럽투어 #불쾌한곳아닙니다

반차 씨는 가끔 음악을 들으러 간다. 스트레스를 풀기에 음악만 한 것이 없다. 테크노, 하우스, 애시드… 장르만 봐선 완전히 감이 오지 않지만 귀로 듣는 순간 '이거다' 싶은 음악이 밤새도록 쾅쾅 울려대며 흘러나오는 클럽들이 이태원에 즐비하다. 파우스트는 지저분하고 사람들이 한데 얽혀야 할 것 같은 분위기가 아니다. 색깔 있는 디제이들이 여러 장르를 믹스하여 틀고 이곳에 온 사람들은 그저 음악에 몰입하면 되는 스트리트 클럽이다. 파우스트를 중심으로 케이크샵, 피스틸, 콘트라 등 매력 있는 곳들이 가득하다. 해외 유명 디제이도 내한하는 때가 있으니 SNS 공지를 놓치지 말 것.

용산구 보광로60길 7 3층

용산구

오차원

#기분따라차와함께 #독보적인나만의꽃

'좋아하는 꽃과 차가 함께 있는 공간이 있다면 좋겠다'라는 마음으로 시작한 플라워 숍. 독특하고 강한 색감의 꽃을 대비하여 매칭하는 것으로 SNS상에서 입소문을 탄 곳이다. 맑은 날, 비 오는 날 언제든 그날의 기분에 맞는 꽃으로 하루를 보내고 싶다면 이곳에 가보자. 초보자도 쉽게 따라 할 수 있는 비기너 클래스부터 난이도별 정규 클래스까지 매달 꾸준히 수업도 진행되고 있다.

용산구 이태원로55가길 15 2층

종로구

국립현대미술관 서울관

#덕수궁 #과천에도있어요

옛 기무사터에 개관한 국립현대미술관 서울관. 한국 근현대사가 고스란히 녹아 있는 상징적인 곳에 미술관이 들어선 것은 꽤 유의미하다. 진정한 문화 도시로 거듭나게 될 서울에 세워진 현대미술관은 두고두고 회자될 것이다. 그 기대에 부응하듯 한국 현대 미술의 얼굴이자 동시대 미술의 종합 전시를 다채롭게 열고 있다. 이웃집 같은 친근함과 전문가의 눈높이를 모두 충족하는 이곳 전시를 둘러보고, 미술관 근처 삼청동을 산책하는 것만으로도 한껏 문화생활을 만끽하는 기분이 들 것이다.

종로구 삼청로 30

> 종로구

보안여관

#80년건물 #그시절그건물그대로

과거와 현재가 공존하는 곳. 해방 전 숙박업소 개장을 시작으로 전시 공간에서 현재의 복합문화공간으로 변모한 보안여관은 당장이라도 무너질 것 같은 벽과 옛 건물에서 실험적인 예술 전시를 선보이며 주목받은 곳이다. 보안여관 신관인 보안1942 지하와 1층은 서촌 예술가들이 모이는 카페이자 공간, 2층은 책방이자 '보안소설클럽'이라는 입소문 난 북 클럽이 운영된다. 이곳의 정점은 뭐니 뭐니 해도 숙박 시설이다. 경복궁 영추문이 훤히 내려다보이는 보안스테이는 늘 사람이 몰린다. 반차 씨도 이날을 위해 일부러 시간을 냈다. 서촌에서 차분히 하루를 보내고 북악산, 경복궁 사이에 있는 고즈넉한 객실에서 하룻밤을 보내는 것이야말로 반차 여행의 꽃이다.

> **종로구 효자로 33**

종로구

이상의 집

#오감도 #미스터리

'제1의아해가무섭다고그리오'라는 난해한 시를 쓴 시인으로 기억되는 이상을 기리는 공간. 이상의 집은 이상이 실제 살던 집터의 일부를 이용해 그를 기념하는 공간으로 만든 곳이다. 그의 행보를 기록하거나 전시하는 것은 없다. 그의 시처럼 억지로 소개하거나 내세우지 않는다. 그에 대해 잘 알지만 제대로 알지는 못하는 것처럼, 이상은 과연 어떤 사람이었을까 생각해보게 한다. 무료로 개방하고 있고 이상에 대해 알 수 있는 도서도 비치되어 있어 동네를 산책하며 들러보면 좋겠다.

> 종로구 자하문로7길 18

종로구

북악스카이웨이

#오늘은자전거로 #자전거전용도로는없어요조심하세요

드라이브 코스로 잘 알려졌지만 자전거족들의 시티 라이딩 성지로 꼽히는 곳. 구불구불 이어진 오르막길이 고난도이지만 도전 정신이 샘솟는다. 계절에 따라 시시각각 바뀌는 풍경 또한 볼거리 중 하나. 오르막길을 이겨내면 시원하게 트인 곳에 서울 시내 풍경을 내려다볼 수 있는 팔각정이 있다. 반차 씨도 마음이 답답하면 자주 찾는 곳. 잠시 쉬었다가 부암동 방향으로 천천히 내려가면 보이는 산모퉁이 카페에도 가보자. 부암동 전경, 특히 인왕산 절벽과 성곽길 너머로 보이는 도심이 장관이다. 북악스카이웨이로 가는 초입의 통닭집 계열사는 바삭하고 고소한 치킨으로 인기가 많은 곳이니 함께 들러보자.

종로구 북악산로 267

종로구

환기미술관

#건축미 #한국의미

한국적인 미의 추상화를 이끈 대표적인 인물 김환기 화백의 예술 정신을 기리기 위해 부인 김향안 여사가 설립한 미술관이다. 기획 전시와 상설 전시도 알찬 곳이지만 무엇보다 건축물 그 자체로도 주목받는 곳이다. 화백의 예술 세계를 담아 화강암이 주재료로 사용되었다. 3채로 이루어진 석재 건물은 김환기 화백과 친분이 있던 우규승 건축가가 설계했다. 그의 예술을 깊이 이해하는 이들에 의해 탄생한 공간인 만큼 조용하고 고즈넉한 곳에서 한국의 미를 편안하게 느낄 수 있을 것이다.

종로구 자하문로40길 63

윤동주문학관

#시인 #무료전시

효자동에서 부암동 쪽으로 산책하다 학교들을 지나 언덕을 오르면 윤동주 시인의 문학관이 보인다. 제1전시실 시인채에서는 친필 영인본부터 유품까지 윤동주의 정서를 오롯이 느낄 수 있다. 제2전시실 열린 우물에서는 문학관이 설립되기 이전에 버려진 물탱크 공간이 활용되었는데 윗부분이 뚫려 있어 하늘을 그대로 감상할 수 있다. 마지막 제3전시실인 닫힌 우물에서는 물탱크의 원형이 보존되어 있다. 녹슨 벽, 어두운 조명, 울리는 소리까지 반차 씨는 이곳에서 윤동주 시인의 생애 마지막 시간을 보낸 교도소에서의 외로움과 고독을 간접적으로나마 느꼈다.

종로구 창의문로 119

아르코미술관

#대학로 #아카이브

대학로의 랜드마크 빨간 벽돌 건물. 마로니에공원을 둘러싸고 있는 건물 아르코미술관이다. 건축가 김수근이 설계한 아르코미술관은 다양한 전시를 기획하고, 신진 작가를 지원하는 등 입지를 넓혀나가고 있다. 많은 이들이 공감할 만한 전시들이 열리고 있어 현대 미술이 어렵게만 느껴졌다면 이곳에 들르면 좋다. 때로는 홀로, 때로는 동행과 함께 작품을 마주하며 고민하고 얘기 나누는 시간을 가져보자. 전시를 관람하고 나와 마로니에공원을 산책한다면 금상첨화다.

종로구 동숭길 3

> 종로구

낙산공원

#운동화신고가세요 #구두는힘들어요

고생 끝에 낙이 오는 작은 성취를 느껴보고 싶다면 낙산공원에 올라가 보자. 공원인 것 같지만 산인 듯하고, 산이라기엔 특별한 장비를 준비하지 않아도 될 정도로 길이 잘 정돈되어 있다. 통로는 다양하다. 마로니에공원 쪽으로 갈 수도 있고, 한성대입구역 주변 나무 계단으로 된 길을 이용할 수도 있다. 시작은 어렵지만 시작이 반이라고 했다. 차근차근 올라가다 보면 어느새 빽빽한 건물 숲을 지나 시원하게 탁 트인 하늘을 마주할 수 있다. 한 주의 힘든 일도 이 순간만큼은 잊혀질 것이다.

> 종로구 낙산길 41

종로구

광장시장

#빈티지 #마약김밥

세련된 핫플레이스를 찾아가는 것에 질렸다면 빈티지의 향연 광장시장에 가보는 것은 어떨까. 너무 다양하고 볼거리가 많아 시장을 빙 둘러 구경하는 것만으로도 여행하는 기분이 든다. 푸짐하고 맛있는 음식을 저렴한 가격에 맛볼 수 있는 것은 덤. 녹두전, 완자, 마약김밥 등 이름만으로도 군침이 돈다. 먹고, 시장을 걸으며 소화시키고, 다시 먹자. 수입구제상가에 들러 옷도 살 수 있다. 여기서 반차 씨의 꿀팁. 구제 상가에서 바가지를 쓸 수도 있으니 초보 티를 내지 않는 것이 중요하다.

종로구 창경궁로 88

종로구

창경궁

#사계절만끽 #진짜서울

너무 당연해서 놓치고 있는 도심 속 아름다움이 있다. 곳곳에 나무들이 조화롭게 어우러지는 곳. 궁이다. 그중 창경궁에는 봄의 버드나무, 여름의 황벽나무, 가을에는 산사나무가 무성히 자라 있으며, 겨울에 마주하는 대온실은 시간의 감각마저 흐리게 한다. 넓은 하늘을 향해 뻗어나가는 나무를 올려다보는 것만큼 시름을 잊게 하는 풍경이 또 있을까? 특정 기간 한정적으로 진행되는 창경궁 야간 개장은 아름다운 창경궁과 대온실의 밤을 즐길 수 있는 절호의 기회니 놓치지 말자.

종로구 창경궁로 185

광화문 교보문고

#책구경 #청계천헌책방거리까지

대형 서점 중에서도 최대 규모로 꼽히는 광화문 교보문고. 늘 사람들로 북적이지만 그만큼 책도 많아 모래 속에서 단 하나의 진주를 캐내고 싶은 경험을 해보고 싶은 이들에겐 편안히 둘러보고 책을 고르기에 좋은 곳이다. 조금 더 걸을 체력이 남아 있다면 동대문역 근처 청계천 헌책방 거리까지 걸어보는 것은 어떨까. 수십 년 동안 사람들과 소통하면서 축적된 헌책방 주인들만의 안목과 감각으로 책을 추천받아도 좋을 것이다.

> 종로구 종로 1 지하1층

종로구

취운정

#고급한옥 #호캉스가질렸다면

왕이 궁궐을 나설 때마다 머물렀던 장소라 하니 얼마나 절경일지 짐작되는 곳. 왕족뿐만 아니라 조선 시대에 이름난 가문들 또한 이곳에서 문화 예술을 토론했다고 전해진다. 반차 씨는 모던한 호캉스에 질려 이곳의 고급스러운 전통미를 찾았다. 생태 조경가의 손길이 닿은 자연 그대로의 정원과 주인의 취향에 맞게 꾸며진 객실에는 고가구의 멋과 아름다움이 그대로 느껴진다.

종로구 북촌로11가길 39

중구

명동 예술극장

#믿고보는공연 #고퀄문화생활

요즘 명동은 외국인 관광객들로 북적이는 쇼핑의 메카가 되었지만 예전부터 명동은 청년과 문인들이 모이는 낭만의 중심지였다. 그중에서도 명동 옛 국립극장은 명성이 자자했는데 1993년에 재개발 위협이 찾아왔지만, 극장에서의 추억을 잊지 못하는 시민들과 명동 지역 상인들이 합심해 100만 서명운동에 나섰다. 결국 극장을 지켜냈고 리모델링을 거쳐 현재 명동 예술극장이 되었다. 시민의 세금으로 운영되는 곳이어서 그만큼 극장에 올라가는 작품들은 심혈을 기울여 선정된다. 보증된 공연을 즐기고 싶다면 명동 예술극장에 가보자.

중구 명동길 35

중구

문화역서울284

#기차역 #공간구석구석보는재미

서울 사람들이 먼 곳으로 여행 갈 때, 여행객들이 서울에 방문할 때 오가는 곳 서울역. 우뚝 선 시계탑을 중심으로 엄마 손을 잡은 아이의 모습, 캐리어를 끌고 바삐 움직이는 여행객으로 붐비는 이곳. 이제는 사람뿐만 아니라 다양한 문화 예술로도 붐빈다. 지금의 서울역사가 새로 만들어지면서 기차역의 역할을 상실한 구 서울 역사의 원형을 복원해 복합문화공간으로 조성한 것이다. 서울역으로 외근 나온 반차 씨. 밝게 웃으며 걸어가는 여행객들의 모습을 보며 언젠가 이뤄질 먼 곳으로의 여행을 꿈꿔본다.

중구 통일로 1

중구

현상소

#간판하나없는그곳 #바다소금크림에스프레소

서울을 알 만큼 알았다고 생각된다면 골목을 탐방해보는 건 어떨까. 수많은 사람이 오가는 서울역 뒷골목은 도시 여행가들의 호기심을 자극하는 곳이다. 그중에서도 발길을 쉬어 갈 카페 하나가 눈에 띈다. 동네 주민이 아니라면 모를 건물에 있는 현상소. 일부러 찾아가지 않고서야 모를 곳에 있다. 옛 건물을 그대로 쓰고 있고, '영화 필름 현상소'가 있던 자리의 이름을 그대로 가져왔기 때문일 것이다. 내부는 널찍하고 모던한 인테리어로 꾸며져 있다. 회사 점심시간을 이용해 급하게 마시고 나가는 직장인들을 보고 있자면 반차 내고 느긋하게 마시는 커피 한 잔이 더욱 꿀맛으로 느껴진다.

중구 만리재로37길 24

중구

을지로 노가리 골목

#저렴한가격 #골뱅이도유명해요

핫플레이스로 떠오르는 을지로. 복잡하고 낡은 건물들 사이에 무엇이 있을까 의문을 품는 것도 잠시, 저녁쯤 되어 을지로3가역에서 빠져나와 골목을 걸으면 불을 밝히기 시작한 노가리 가게, 맥주 가게들이 사람들을 반기기 시작한다. 막 퇴근하고 온 듯한 젊은 직장인들, 마실 나온 것 같은 어르신들이 한데 모여 잔을 부딪치며 왁자지껄 떠드는 모습은 흡사 야시장 같다. 특히 여름에 야외에서 한잔 기울이고 싶은 낭만이 샘솟는다.

중구 을지로13길 17

중구

을지로 평양냉면 거리

#평양냉면의성지 #어느새중독됩니다

을지로 식생활에 빠질 수 없는 평양냉면. 실향민의 향수를 달래주던 것을 시작으로 매체를 통해 알려지면서 힙스터들이라면 꼭 먹어봐야 할 음식이 되었다. 매콤새콤한 함흥냉면에 비해 다소 밍밍한 맛의 평양냉면은 적어도 삼세번은 먹어야 진가를 느낄 수 있다. 맛있다는 평양냉면 가게들이 많지만 유독 을지로를 중심으로 몰려 있다. 그것도 모두 노포 소리를 들을 만큼 오래되었다. 우래옥, 을지면옥, 평래옥, 필동면옥, 남포면옥… 비슷한 듯하지만 모두 맛이 다른 평양냉면을 먹으러 떠나보자.

중구 을지로 129 을지로3가역 인근

중구

우주만물

#팔기싫은것을파는곳 #빈티지숍

반차 씨는 기분은 내고 싶은데 월급날이 가까워질수록 텅 빈 지갑에 눈물만 흘릴 때 소품 숍 우주만물에 들른다. 들어서는 순간 동네 문방구에 온 듯한 기분이 들 정도로 잡다한 소품들이 가득하다. 집에 있던 물건, 여행하며 산 중고 소품을 판매하는 콘셉트인 만큼 진열되어 있는 물건도 다양하고 괴짜 같거나 '이런 것도 팔아?' 싶은 것도 많다. 노트, 키 링, 티셔츠, 음반, 장난감 등 나를 기다리고 있는 물건을 보물찾기하듯 찾아내는 게 우주만물의 매력!

중구 을지로11길 29 2층

중구

신도시

#뉴트로감성 #망한거아니고운영중입니다

공구가 가득한 을지로 골목을 걷다 보면 음악이 쿵쿵 울리는 곳이 있다. 술을 파는 펍이자 클럽으로도 알려진 신도시. '뭐 이런 곳에 이런 가게가 다 있어?'라는 말이 절로 나오는 을지로인 만큼 힙한 장소의 등장이 낯설지 않지만 이곳은 특히 힘겹게 계단을 올라 5층에 들어서는 순간 신세계를 경험할 수 있다. 금요일 밤이 되면 의자와 테이블을 모두 벽에 붙이고 음악을 틀어서 무작정 춤추는 클럽으로 변신한다. 흥미로운 공연과 프로젝트도 종종 열리니 SNS 계정을 살펴보고 방문 계획을 짜도 좋다.

중구 을지로11길 31 5층

쉼표가 필요하다면,
경기 북부

회사, 집, 회사, 집의 무한 반복 루트가 계속된다면 어디론가 멀리 떠나고 싶어진다. 하지만 그 정도의 여유조차 생기지 않아 멀리 가는 일이 부담스러울지도 모른다. 그럴 때마다 찾는 곳이 바로 경기 북부 지역이다. 산과 자연이 어우러진 풍경이 많아 여유롭게 한 걸음 쉬어 가기 좋은 곳으로 찾아가 보자.

가평

크래머리 브루어리

#수제맥주 #바이젠복 #별헤는밤

반차 씨는 시원한 맥주가 당겨 가평에 있는 크래머리 브루어리를 찾았다. 이곳은 독일 양조 기술을 바탕으로 유럽 스타일의 맥주를 만드는데 맥주뿐만 아니라 음식의 맛 또한 뛰어나 피자, 수제 버거, 플래터 등을 맛볼 수 있다. 매장이 넓고 천장이 높아 쾌적하게 식사하기 좋은 데다 큰 유리 벽을 통해 거대한 양조장이 보여 시선을 끈다. 사전 예약을 하면 브루어리 투어에 참가할 수 있다. 맥주를 만드는 원료와 공정을 살펴보고, 브루어리에서 만든 맥주를 시음할 수 있다. 운전 때문에 맥주를 마실 수 없다 해도 아쉬워하지 말자. 테이크아웃 맥주도 팔고 있으니 집에서도 즐기기 좋다. 개성 있는 맛과 향, 신선한 맥주를 맛보고 싶다면 크래머리 브루어리를 추천한다.

가평군 상면 청군로 429

가평

아침고요수목원

#숲 #여유 #콧바람

이미 유명해져서 많은 이들이 다녀왔지만, 반차 씨는 처음 가는 아침고요수목원. 봄에는 아름다운 꽃이, 여름에는 푸르른 나무가, 가을에는 알록달록 단풍이 반겨주는 곳으로 꾸준히 사랑 받는 곳이다. 겨울에는 전국 최대의 빛 축제 오색별빛정원전을 개최해 쓸쓸할 것만 같던 겨울철 수목원도 아름답게 즐길 수 있다. 입장료는 9,500원으로 다소 비싼 느낌이 들지만, 영화 한 편 가격으로 드넓은 자연을 보고 온다면 결코 아깝지 않은 금액이다. 아침고요수목원 옆에는 아침고요가족동물원도 있는데 인터넷에서 패키지로 구매하면 좀 더 저렴하게 즐길 수 있다.

가평군 상면 수목원로 432

더스테이힐링파크

#이것도하고싶고저것도하고싶다면

와일드 가든, 플라워 가든, 카페, 숙소, 스파 등으로 이루어진 복합문화 공간으로 넓은 산책 코스와 다양한 구성으로 이루어진 더스테이힐링파크. 와일드 가든을 산책하다 보면 동화 속에나 나올 법한 작은 채플 건물이 나오는데 가장 인기 많은 포토 스팟이라 반차 씨도 기회를 놓치지 않고 한 컷 찍었다. 더스테이힐링파크에서는 실내 시설이 잘 갖춰져 있어 추운 겨울에도 방문하기 좋은 곳이다. 특히 나인블록 안에는 카페, 편집 숍, 식당, 갤러리 등이 있어 지루하지 않게 시간을 보내기 좋다. 입장 시 입장료 만큼의 포인트를 적립하는데, 이 포인트로 카페나 편집 숍 등에서 현금과 같이 사용할 수 있다.

가평군 설악면 한서로268번길 134

가평

화악산전망대

#드라이브 #가슴뻥 #스트레스안녕

화악산은 경기도에서 봄이 가장 늦게 찾아오고, 여름에는 서늘한 바람을 느낄 수 있고, 가을에는 어느 곳보다 빨리 단풍을 만나볼 수 있다. 게다가 겨울에는 설경이 뛰어나 사계절 내내 드라이브 코스로 인기가 많은 곳이다. 화악산전망대는 드라이브 온 이들이 아름다운 풍경을 즐기기 위해 잠시 쉬었다 가는 곳으로 화악터널을 기점으로 '가평 뷰'와 '강원도 뷰'로 나눠진다. 가평 뷰에서는 가평의 아기자기한 산이, 강원도 뷰에서는 가슴이 뻥 뚫리는 산과 하늘을 볼 수 있다. 특히 겨울에 눈 쌓인 설산의 풍경과 새파란 하늘이 대비되어 비현실적인 풍경이 펼쳐지기도 한다.

> 가평군 북면 화악리 산 228-1

강화

마니산

#기분좋은산행 #마음충전완료

반차 씨는 마음이 답답하면 산을 찾곤 하는데, 어떠한 깨달음을 얻기 위해서가 아니라 아무런 생각을 하지 않기 위해 산에 오른다. 찬찬히 오르다 보면 숨은 가쁘지만, 살짝 불어오는 시원한 바람에 복잡했던 마음마저 정리되는 기분이 든다. 마니산의 가장 큰 장점은 정상에 올라가며 바라보는 바다 풍경이 아닐까. 마니산의 코스는 크게 두 개로 나뉘는데 한쪽은 능선을 따라가는 코스, 한쪽은 계단 코스다. 계단 코스는 시간과 길이가 짧지만 의외로 체력 소모가 큰 곳이다. 반차 씨가 추천하는 코스는 올라갈 때는 능선을 따라가고, 하산할 때는 계단을 내려오는 코스. 강화도는 산채비빔밥, 생선구이, 해물칼국수 등 맛집이 많아서 산에 다녀온 후 입맛 돋우기도 좋다.

> 강화군 화도면 상방리 398-1

강화

대한성공회 강화성당

#한옥성당 #주차는용흥궁공원에

한옥으로 지어진 성당인 대한성공회 강화성당. 신발을 벗고 들어간 반차 씨는 한국 전통 가옥과 서양 성당의 구조의 조화로움에 말을 잇지 못했다. 천장을 보면 유럽 카페에 있을 법한 조명이 한옥 서까래에 달려 성당을 은은하게 밝히고 있다. 자연 빛을 받을 수 있도록 유리창을 내어 아늑한 빛이 더해진다. 세월의 흔적이 느껴지는 나무 의자로 앤틱한 느낌이 들고, 전체 성당이 진한 나무 색감을 띄고 있어 엄숙한 느낌마저 든다. 성당 주변으로는 낮은 돌담에 한옥의 정원이 있어 시간 여행을 온 듯한 착각이 든다.

강화군 강화읍 관청길27번길 10

소창체험관

#조양방직온다면소창체험관도 #월요일휴무

강화도는 물길이 열려 있어 1970년대까지 직물 산업이 흥하던 곳이었다. 하지만 1970년대 중후반부터 대구에 합성 섬유 공장이 들어서면서 강화도 직물 산업은 점차 사양길에 접어들었다. 그래서 강화도에는 방직 공장의 터가 여럿 남아 있는데, 소창체험관도 그중 하나. 소창은 면직물로 천 기저귀나 행주에 많이 쓰이는 천이다. 반차 씨는 오늘은 손수건 만들기 체험을 할 예정이다. 소창으로 손수건을 직접 꾸미는 체험으로 무료로 참가할 수 있다. 체험을 마치고 바로 옆 건물인 1938 한옥에 들러 강화도의 특산물인 순무를 덖어 만든 강화순무차를 한 잔 마시면 오늘 강화도 체험은 마무리된다.

강화군 강화읍 남문안길20번길 8

강화

#독일정통빵을만나고싶다면 #비건

반차 씨는 강화도에 갈 때마다 이 빵집에 꼭 들른다. 좋아하는 빵을 한가득 사서 냉동실에 소분해놓고 종종 회사에 도시락으로 가져간다. 벨팡은 강화도 온수리에 위치한 작은 빵집으로 천연 발효에 구례금강밀, 음성호밀, 진주앉은뱅이밀, 사천 귀리 등으로 독일식 빵을 만든다. 제분기를 들여와 호밀과 통밀을 직접 제분한다. 제분까지 직접 하는 빵집은 많지 않은데 주인장이 얼마나 빵에 대한 열정이 있는지 알 수 있다. 흔히 접할 수 없는 독일 빵에 대해 주인장이 밀의 종류와 만드는 방법, 맛있게 먹는 방법 등을 차근히 설명해준다. 빵이 다 팔리면 일찍 문을 닫기도 하니 방문 전에 전화 또는 인스타그램을 통해 확인하는 것이 좋다.

강화군 길상면 온수길 32

> 강화

석모도 미네랄 온천

#바다보면서뜨끈뜨끈온천 #첫번째세번째화요일휴무

날이 쌀쌀해지면 뜨끈뜨끈한 온천에 몸을 담그고 싶어진다. 전기장판을 알아보던 반차 씨는 인터넷 검색을 하던 중, '노을을 볼 수 있는 노천탕!'이라는 포스팅을 보고 바로 반차를 냈다. '강화 석모도에 온천이?'라고 생각하지만, 이미 입소문이 나서 꾸준히 방문객들이 늘고 있는 석모도 미네랄 온천. 실내탕, 노천탕, 황토방, 옥상 전망대, 족욕탕으로 구성되어 있다. 바다를 바라볼 수 있는 노천탕에는 온천복 또는 수영복을 입고 입장이 가능하다. 낮에는 근처 보문사에 들러 마음을 비우고, 저녁에는 미네랄 온천에서 마음을 따뜻하게 채우자. 강화 터미널에서 석모도 보문사와 미네랄 온천까지 운행하는 버스가 있으니 뚜벅이들도 걱정 없다.

강화군 삼산면 삼산남로 865-17

강화

조양방직

#무조건평일에 #이럴때반차써요

1933년 민족 자본으로 처음 설립한 우리나라 최초의 현대식 방직 공장이다. 조양방직이 생기면서 강화도에 전기와 전화 시설이 들어왔다. 광복 후까지 운영하다가 운영이 어려워져 폐업했다. 그러던 조양방직이 2017년 카페로 재오픈을 했다. 외부는 거의 그대로 살렸고, 내부는 보수 공사를 해 카페로 탈바꿈했다. 방직 기계를 그대로 두어 카페 테이블을 만들기도 하고, 곳곳에는 일제 강점기에 사용했던 태극기와 영사기, 금고, 우물터 등 조양방직의 역사가 그대로 남아 있다. 규모가 제법 크지만 주말에는 사람들이 가득 차므로 가능하다면 평일에 방문하는 것을 추천한다.

강화군 강화읍 향나무길5번길 12

강화

도레도레

#달콤한케이크 #기분충전완료

알록달록 색감이 매력적인 케이크 전문점 도레도레의 본점이 바로 강화도. 강화도 해안 도로를 따라 드라이브하며 들르기 좋은 위치에 있는데 본점에는 케이크뿐만 아니라 파니니, 팬케이크와 같은 브런치 메뉴도 판매한다. 이곳은 다른 도레도레 매장과 다르게 빈티지한 프랑스 시골집 느낌의 인테리어로 되어 있다. 조명마다 드라이플라워가 달려 있고 접시와 캔들 등으로 아기자기하게 꾸며졌다. 도레도레에서 만든 커피 전문점인 마호가니 커피도 옆 건물에서 만나볼 수 있다. 갑자기 출출해진다면 도레도레 근처 메밀 음식 전문점인 하얀꽃메밀에 가보자. 반차 씨가 추천하는 맛집이다. 메밀막국수, 들깨수제비, 전병 등 깔끔하고 고소한 맛이 일품이다.

> 강화군 화도면 해안남로 1844번길 19

> 고양

플레이그라운드 브루어리

#맥주도장깨기

잘못 찾아온 게 아닐까 하고 오해할 만큼 외진 곳에 위치한 플레이그라운드 브루어리. 수제 맥주를 잘 모르더라도 플레이그라운드의 메뉴판을 보면 친절한 설명 덕분에 맥주 애호가가 된 듯 선택의 폭을 넓혀준다. 이곳은 새로운 맥주와 시즌 맥주가 꾸준히 나와 다양한 맥주를 마셔볼 수 있는 장점이 있다. 맥주와 함께 즐길 수 있는 안주 구성도 알차서 하나씩 맛보는 재미가 쏠쏠하다. 맥주를 마시지 않더라도 식사가 가능하다. 심지어 키즈 메뉴도 있다! 기존 건물에서 뒤쪽 건물로 이전해 공간을 넓히고 쾌적하게 변신하였는데, 초기에 방문했던 이들에게도 재방문해 보는 것을 추천한다.

고양시 일산서구 이산포길 246-13

> 고양

 피스피스

#피스피스먹으면 #마음의평화가 #짜라란

'한 조각의 케이크가 주는 마음의 평화'라는 모토로 운영 중인 피스피스. 좋은 재료로 미국 정통 파이를 만든다. 대표 메뉴인 펌킨파이부터 아이스크림이 올라가는 베리파이, 상큼한 라임파이, 꾸덕한 초코브릭파이까지 정성 가득 맛있는 파이를 선보인다. 정발산점은 아기자기한 공간으로 주로 테이크아웃을 하거나 간단하게 파이와 음료를 먹고 올 수 있는 곳이다. 성석점은 살짝 외곽에 위치해 있고 넓은 주차 시설이 갖춰져 있어 여유롭게 커피 한 잔과 파이를 즐기기 좋은 곳이다. 맛은 똑같으니 상황에 따라 원하는 지점으로 가면 된다. 늦게 가면 파이가 없을 수 있어 반차 씨가 반차를 내고 자주 들르는 곳이기도 하다.

> 성석점: 고양시 일산동구 성석로 109

> 정발산점: 고양시 일산동구 일산로372번길 35

고양

 서오릉

#주차무료 #산책후카페

'서쪽에 있는 다섯 개의 능'이라는 뜻의 서오릉은 유네스코에 등재될 정도로 역사적 가치가 있는 곳으로, 거대한 숲을 걷다 보면 다섯 개의 능을 모두 만날 수 있다. 조선 왕릉은 인위적으로 꾸민 것이 아니라 풍수지리학적으로 산의 흐름을 보면서 조성한 묘역이라 나지막한 산을 걷는 느낌을 받곤 한다. 역사 속 이야기를 하나씩 알아가는 기쁨과 울창한 숲길이 매력적인 곳이라 반차 씨는 자주 이곳을 찾는다. 서오릉 주변에는 고즈넉한 카페와 맛집들이 있어 함께 들르기 좋다.

> 고양시 덕양구 서오릉로 334-32

> 고양

북한산성

#산에서먹는김밥 #산에서먹는과일 #모두꿀맛 #산에는먹으러

많은 등산객으로 인해 1년에 1cm씩 주저앉는다는 이야기가 있는 북한산. 대중교통으로도 쉽게 접근할 수 있고 다양한 등산 코스가 있어서 등산 초보자부터 마니아까지 많이 찾는 곳. 초입은 완만한 포장길로 되어 있어 걷기 편하며 중후반부터는 돌길의 가파른 오르막길이 있으니 자신의 체력에 맞는 코스를 선택하면 된다. 북한산은 불광역, 우이동 등 다양한 입구가 있지만 북한산성 입구에서 출발하는 코스가 보편적이다. 북한산성 주변에 은평 한옥마을도 있어 카페나 맛집들을 즐기기에도 좋다. 간단한 등산 후 맛있는 음식으로 마무리해보자.

> 고양시 덕양구 북한동 1-1

고양

중남미문화원

#타코먹으러고고 #옆에는고양향교도있어요

낯설게 느껴지는 중남미 문화를 조금 더 친근하게 접할 수 있는 곳으로, 중남미 지역에서 외교관 생활을 하던 대사 부부가 중남미 문화를 알리기 위해 만들었다. 잉카, 마야, 아즈테카 등 세계사 시간에 배웠던 친숙한 단어들을 여기서도 볼 수 있는데, 중남미 각국의 다양한 역사와 문화를 한자리에서 만날 수 있다. 박물관과 미술관, 야외 조각공원 등으로 구성되어 있고 중남미 각국의 다양한 민속 공예품 등 쉽게 볼 수 없는 조각상과 그림이 많아 이국적인 신비로움이 느껴지기도 한다. 문화원 내 카페 따꼬에서는 멕시코 음식인 타코도 맛볼 수 있다. 타코는 본고장에서 먹어야 하지만 멀리 갈 수 없는 아쉬움을 달래며 반차 씨는 타코를 먹으러 중남미 문화원으로 향한다.

고양시 덕양구 대양로285번길 33-15

고양

현대 모터스튜디오

#자동차를좋아한다면 #자동차덕후모여라

자동차를 보고 듣고 느끼는 체험 공간으로 자동차를 만드는 재료와 공정부터 디자인, 안전 등 세분화된 구성을 통해 자동차를 폭넓게 이해하도록 만든 현대 모터스튜디오. 현대자동차의 다양한 차량을 한자리에서 볼 수 있으며 다양한 기획전도 함께 만날 수 있다. 또한 테마 시승을 이용하면 전기 자동차와 신차를 시승할 수 있고 리무진, 화물차 등 다양한 자동차를 체험해볼 기회도 주어진다. 현대 모터스튜디오는 유료로 운영되는 상설 전시, 테마 시승, 가이드 투어 등으로 구성되어 있으며 홈페이지 가입 후 신청할 수 있다. 사전 예약은 필수이니 자동차를 좋아한다면 다양한 체험의 기회를 놓치지 말자.

고양시 일산서구 킨텍스로 217-6

구리

#동쪽에있는아홉기의능

동구릉은 조선 1대 왕인 태조 이성계를 포함한 조선 왕조 7명의 왕이 잠들어 있는 곳이다. 태조가 잠들어 있는 건원릉은 푸른 잔디가 아닌 억새로 뒤덮여 있는데 태조의 유언에 따라 잔디가 아닌 고향의 억새를 사초로 사용했기 때문이다. 억새 절정기인 10월에 한시적으로 능을 개방하여 둘러볼 수 있다. 능 주변에는 왕릉을 보호하기 위한 낮은 담장이 둘러져 있고 무신과 문신 같은 인물상과 호랑이, 양 같은 동물상도 세워져 있다. 600년 이상 된 왕릉이라 노송이 많고 나무들이 빼곡히 우거져 있다. 동구릉 안에는 어린나무를 키우는 양묘장도 있으니 구석구석 둘러보는 것을 추천한다. 동구릉은 문화유산으로 지정된 곳이라 돗자리, 음식물은 반입 금지며, 물만 반입이 가능하다.

구리시 동구릉로 197

> 구리

돌다리 곱창 골목

#야채곱창 #상추에싸서먹으면 #꿀맛

쫄깃쫄깃한 곱창은 반차 씨가 무척 좋아하는 메뉴. 푸짐한 야채와 매콤한 양념에 볶은 돼지곱창이 생각나 돌다리 곱창 골목을 찾았다. 구리 전통 시장 골목을 '돌다리 곱창 골목'이라 부르는데 2000년대 초반 포장마차에서 곱창을 팔던 상인들이 하나둘 가게를 열기 시작하면서 곱창 골목이 형성되었다. 주메뉴는 돼지곱창볶음으로 떡과 당면, 야채가 푸짐하게 들어가 직장인뿐만 아니라 학생들 사이에서도 인기 만점이다. 학창 시절에 곱창집을 찾던 학생들이 성인이 되어 꾸준히 찾고 있는 곳이기도 하다. 야채곱창은 초장에 찍어 상추쌈에 싸 먹으면 고소한 곱창과 짭조름한 양념이 어우러져 입 안 가득 푸짐함이 느껴진다. 점심에 볶음밥까지 비벼 먹으면 식사도 해결되고, 저녁에는 술 한잔하기에 좋은 안주가 되기도 한다.

> 구리시 수택동 408

카페진정성

#밀크티맛집 #기분전환

밀크티 맛집으로 소문난 카페진정성은 백화점 팝업 스토어에도 종종 등장하고 서울에도 분점이 있어 서울이 본점이 아닌가 싶지만, 김포에서 시작한 카페다. 눈에 잘 띄지 않고 찾아가기 쉬운 곳에 있지도 않지만 진정성의 시그니처 메뉴인 밀크티를 맛보기 위해 멀리서도 찾아온다. 물론 반차 씨도 밀크티를 마시기 위해 멀어도 찾아갔다. 부드러운 우유에 진하고 달콤한 홍차 향이 부드럽게 배어 고급스러운 맛이 느껴지는데, 주인장의 진정성이 밀크티에 스며드는 맛이다. 카페 진정성 홈페이지에서도 한 달 숙성된 바닐라빈 시럽과 밀크티 키트, 홍차 등을 판매하니 집에서도 즐길 수 있다. 하지만 기분전환 겸 김포로 떠나보는 건 어떨까.

김포시 하성면 하성로 660

김포

대명포구

#대하구이 #싱싱활어 #노을맛집

김포의 유일한 포구로 강화도와 김포의 경계에 위치한 곳이다. 대명항 수산물직판장에서는 꽃게, 대하, 주꾸미 등 싱싱한 제철 해산물을 만날 수 있다. 특히 어부들이 직접 낚시로 잡은 횟감 생선들이 많아 탱글탱글한 회를 맛보기 위해 대명포구를 찾는 이들도 있다. 건어물과 젓갈을 판매하는 부설 시장이 별도로 있어 구경거리가 가득하다. 특히 대하 철에는 새우튀김 판매점이 즐비해 바삭한 새우튀김을 맛보는 재미까지 쏠쏠하다. 대하 철이 되면 반차 씨는 대명포구에 들러 대하 1kg을 사서 에어프라이어에 레몬과 버터를 넣고 구워 먹는다. 싱싱한 대하로 만들어 먹는 새우버터구이는 저절로 웃음이 나오는 맛이다.

김포시 대곶면 대명항1로 109

김포

문수산성

#김포끝 #강화도초입

김포에서 가장 높은 산인 문수산을 둘러싸고 있는 산성으로 전망대에 오르면 서울, 인천, 강화도, 파주, 김포, 서해가 한눈에 들어오고 날씨가 좋으면 북한까지 볼 수 있다. 문수산은 김포에서 가장 높은 산이라고는 하지만 해발 고도 376m로 낮은 편이라서 문수산산림욕장에서 출발하여 가볍게 트래킹을 즐기기 좋다.

> 김포시 월곶면 성동리 산 50

봉선사

#국립수목원과함께들러요 #산림욕

봉선사는 정희왕후 윤씨가 광릉의 세조를 추모하기 위해 원래 있던 절을 고쳐 다시 지은 절이다. 우리나라 최초의 한글 현판을 단 큰법당이 있다. 초여름에는 연꽃이 가득하고 가을에는 단풍이 절경이다. 봉선사부터 근처 광릉, 국립수목원까지 산책로도 새로 조성되어 편안히 걷기 좋다. 비 오는 날 나무 데크로 된 산책로를 걸으면 나무의 진한 향기에 온몸이 초록으로 물드는 기분이 든다. 템플 스테이와 사찰 음식 강의 등 각종 문화 행사를 꾸준히 진행하니 복잡한 생각을 잠시 내려놓고 싶다면, 봉선사에 방문해보는 것을 추천한다.

> 남양주시 진접읍 봉선사길 32

> 남양주

수종사

#두물머리를바라보며차한잔

꽤 가파른 산길 중간중간 잔잔한 산길도 지나며 도착하는 아담한 수종사. 수종사에 오르기 전 긴 계단을 올라가면 해탈문이 보이는데 그 문을 지나면 정말 해탈할 것만 같은 기분이 들곤 한다. 동방 제일의 전망을 가진 사찰이라는 말도 있듯이 수종사에서는 양평의 두물머리가 한눈에 보인다. 반차 씨는 차 한잔 마시기 위해 수종사의 다실 삼정헌을 찾았다. 두물머리를 배경으로 차를 마시니 마음이 고요해진다. 산사에 방문하면 종교를 떠나 마음이 편안해지는 느낌을 받곤 하는데, 차분한 산속에서 오롯이 나를 마주하는 시간을 통해 오늘의 고민을 털어버리고 마음의 여유를 찾길 바란다.

> 남양주시 조안면 북한강로433번길 186

왈츠와닥터만

#핸드드립커피

1층은 레스토랑, 2층은 커피박물관으로 이루어진 왈츠와닥터만. 커피박물관에서는 커피의 역사, 커피나무 묘목과 원두의 종류를 살펴보고 핸드드립 체험까지 할 수 있다. 입장료 5,000원은 체험과 시음까지 포함된 금액이다. 커피박물관에는 원두를 가는 핸드 그라인더, 로스팅 기계, 주전자 등이 1900년대부터 시기별로 전시되어 있는데, 고종 황제가 사용하던 커피 스푼도 있다. 북한강을 따라 바람도 쐬고, 향긋한 커피 향을 즐기고 싶다면 왈츠와닥터만을 추천한다. 1층 레스토랑은 기념일을 위한 예약 서비스도 받고 있으니 특별한 날을 기념하기에도 좋다.

남양주

잇다제과

#인생마카롱 #광릉불고기 #국립수목원

눈과 입으로 즐기는 맛있는 디저트 제과점 잇다제과. 남양주 진접읍에 위치한 이 가게는 목, 금, 토 3일만 오픈해 평일에 방문하려면 무조건 반차를 내야 하는 곳이다. 잇다제과를 맛보기 위해 기다리는 사람들로 가득한데 반차 씨도 그중 하나. '잇다롱'이라고 불리는 잇다제과의 마카롱은 알록달록한 색감에 마음이 홀리고 쫄깃한 꼬끄와 진한 필링 또한 한번 맛보면 계속 생각나는 맛이다. 대표 메뉴인 마카롱뿐만 아니라 케이크와 쿠키 등 다양한 디저트도 꾸준히 선보인다. 잇다제과에 들른 다음 주변 맛집을 찾는다면 광릉불고기를 추천한다.

남양주시 진접읍 광릉수목원로 179-18

동두천

동광극장

#동두천은1호선 #근처문화극장은상영관이2개

손으로 직접 쓴 정겨운 영화 시간표가 반차 씨를 맞이한다. 동광극장은 유일한 단관 극장이지만 팝콘부터 봉지 과자, 음료까지 완벽하게 준비된 곳이다. 극장 로비에는 사장님이 애정을 가지고 돌보는 수족관도 있는데 반차 씨는 피라냐를 처음 보고 놀랐다. 극장 안은 넓은 스크린에 일반 극장 의자와 소파 좌석이 있는데 소파 좌석은 발을 쭉 펴고 볼 수 있도록 보조 의자까지 있다. 좌석은 지정석이 아니고 선착순으로 앉고 싶은 자리에 앉으면 되어 소파 자리는 늘 인기다. 이곳은 드라마 〈응답하라 1988〉의 촬영지이기도 하다. 동광극장은 맥스무비를 통해서만 인터넷 예매가 가능하다.

동두천시 동광로 33

동두천

텍사스 바베큐

#일요일휴무

뭔가 색다른 치킨이 먹고 싶어서 동두천에 간 김에 급하게 찾아본 맛집. 외관과 메뉴를 살펴보니 맛집 포스가 뿜어져 나오는 곳을 발견했다. 텍사스 바베큐는 1968년 개업한 곳으로 〈백종원의 3대 천왕〉, 〈맛있는 녀석들〉에도 나왔다. 메뉴는 단 두 가지. 치킨 바베큐와 생목살 스테이크. 치킨 바베큐를 주문하고 자리에 앉으면 애피타이저인 콩수프와 샌드위치가 나온다. 샌드위치를 콩수프에 찍어 먹다 보면 소스에 풍덩 담긴 바베큐가 나온다. 숯불로 초벌해 불 향이 그윽하고 직접 만든 특제 소스까지 더해지니 저절로 군침이 돈다. 케첩이 뿌려진 양배추와 감자샐러드가 바베큐와 함께 나와 알찬 구성이 된다. 바베큐를 다 먹고 나면 달짝지근한 맛과 살짝 새콤한 맛이 어우러진 마법의 소스에 밥을 비벼 먹고 싶어진다.

동두천시 중앙로 366

양주

장욱진미술관

#월요일휴무 #입장마감17시

넓은 초록색 잔디 위에 하얀 건물이 언덕을 따라 놓여 있다. 장욱진 화가의 미술관이라고 해서 향토적인 느낌이 강할 것 같았지만, 장욱진미술관을 맞이하는 순간 미니멀한 깔끔한 하얀색 외관에 놀랐다. 으리으리하거나 엄숙하지 않고 조금은 편한 마음으로 맞이하는 미술관이란 이런 걸까. 전시실 구분 없이 공간을 따라 자연스럽게 거닐다 보면 작품을 마주하게 된다. 주로 1층에는 기획전이 열리고 2층에는 장욱진의 작품을 관람할 수 있다. 근처 장흥관광지와 계곡이 있어 바람 쐬기 좋은 곳이다.

양주시 장흥면 권율로 193

양주

황뱅이 수변 산책로

#눈이시원해지는곳

하루 종일 모니터만 보니 눈이 뻑뻑해진 반차 씨는 시원한 초록색도 보고 싶고, 좀 걷고 싶어졌다. 조소앙기념관 주차장에 주차하고 황뱅이 수변 산책로로 향했다. 조소앙기념관은 독립운동가 조소앙 선생을 기리기 위해 만든 곳으로 산책하기 전 가볍게 둘러보기 좋다. 산책로는 원당저수지와 봉담저수지 중 원하는 코스로 선택하면 된다. 산책로 입구 안내판에 코스와 시간, 동선 등이 잘 표시되어 있어 낯선 곳이지만 믿음직스럽다. 중간중간 쉼터가 있어 천천히 쉬어 가기에 좋다. 자연에서 숨을 쉬니 머리가 맑아지고 눈이 시원해진다.

양주시 남면 양연로173번길 87

양주

장흥자생수목원

#자유분방한나무들 #원시림체험

봄에는 꽃이 가득해 온 세상이 꽃 천지이고, 풀이 무성한 여름에 방문한다면 원시림에 온 듯한 느낌이 들기도 하는 장흥자생수목원. 여러 코스가 있어 조금 복잡하지만, 발길이 닿는 데로 여기저기 돌아다니기에 좋다. 반차 씨는 수목원을 걷는 내내 복식 호흡을 하며 피톤치드를 마시며 산림욕을 즐겼다. 잘 가꾸어진 공원이나 수목원의 느낌이 아닌 자연의 흐름에 맡겨 자연스럽게 조성된 수목원이라 마음이 편안해진다.

> 양주시 장흥면 권율로309번길 167-35

양주

로슈아커피

#뒷모습사진찍으려면 #무조건평일

인스타그램에서 한 장의 사진을 보고 반차 씨는 양주로 떠났다. 양주 나리공원 앞에 위치한 카페 로슈아커피. 건물 외관은 어디서나 볼 수 있을 법한 평범한 상가 건물이지만 안에 들어가면 완전히 다른 세계가 펼쳐진다. 카페에 들어서면 은은한 조명과 단정한 카운터와 좌석이 있다. 1층 카운터에서 커피를 고르고(가지런한 디저트에 자꾸만 눈길이 간다), 주문 후 2층으로 올라가면 사각 프레임의 간결하고 거대한 창문이 보인다. 창밖의 모습을 통해 계절을 오롯이 느낄 수 있게 만들어진 공간. 테이블 없이 긴 의자를 테이블과 좌석으로 사용해야 해서 약간 불편함이 있지만, 전체적인 공간을 생각하면 이러한 구조가 효율적으로 느껴지기도 한다.

양주시 광사로 145

양평

두물머리

#강물바라보며먹는연핫도그

서울 근교 드라이브 코스로 절대 빠지지 않는 양수리 강변. 두물머리는 북한강과 남한강이 만나는 곳으로 고요하게 흐르는 강물을 따라 산책하기 좋은 곳이다. 400년 동안 그 자리를 지키고 있는 느티나무, 삼삼오오 모여 있는 오리, 특별할 거 없는 풍경이지만 반차 씨는 이런 고요한 여유로움을 즐긴다. 해 질 녘에 가면 붉은 노을이 강에 반사되어 그림 같은 풍경이 펼쳐지니 일몰 시간까지 기다려보자. 주말에 가면 주차가 무척 힘드니 여유로운 두물머리를 즐기고 싶다면 무조건 평일을 추천한다.

양평군 양서면 양수리

양평

#

#폐역 #아이유 #건축학개론

가수 아이유의 앨범 〈꽃갈피 둘〉에서 싱그러운 연두색 원피스를 입고 있는 사진을 보았다. 그 뒤로 슬그머니 구둔역이 보였다. 반차 씨는 아이유가 될 수는 없지만 그 상큼함을 느껴보고자 구둔역으로 떠났다. 구둔역은 청량리를 오가던 간이역이었는데 폐역이 된 이후로 영화와 화보 촬영 장소로 종종 이용되고 있다. 화려하지는 않지만 시간이 멈춘 듯 옛 간이역의 모습을 그대로 간직하고 있다. 가을에 오면 커다란 은행나무가 노란빛으로 물들어 더욱 분위기 있는 구둔역. 영화나 뮤직비디오의 한 장면처럼 사진 찍기 좋은 곳이다.

양평군 지평면 구둔역길 3

양평

용문사

#용문산관광지 #은행열매주의

우리나라에서 가장 큰 은행나무가 있는 곳이라 찾아간 용문사. 오랜 시간 동안 사찰은 여러 번 불탔지만 은행나무만큼은 천년이 넘게 살아남았다고 한다. 은행나무가 너무 커서 한 장의 사진에 담기 어려울 정도. 노란 은행잎으로 용문사 주변이 물들고, 형형색색의 단풍 명소로도 인기가 좋아 용문사가 있는 용문산은 가을이면 많은 관광객이 찾는다.

양평군 용문면 신점리 526-2

태풍전망대

#화요일휴무 #태풍부대 #일찍가야돼요

북한과의 거리가 단 800m! 태풍전망대는 민간인 통제 구역 안쪽에 있어 신분증 검사가 필수다. 지뢰가 있다는 표지판을 보니 반차 씨는 살짝 긴장되었지만 안전선이 구분되어 있어 걱정을 덜었다. 태풍전망대는 DMZ의 아름다운 풍경이 보이지만 사진 촬영을 할 수 없는 구역도 있으니 명심하자. 태풍전망대 초입에 임진강평화습지원도 있는데 오랫동안 사람의 발길이 닿지 않았던 곳이라 청정 지역의 자연환경이 그대로 보존되어 있다. 임진강평화습지원도 신분증 지참은 필수다.

연천군 중면 횡산리 산 109

연천

연천 호로고루

#성곽 #별보러가자 #은하수여행

드넓은 벌판에 사다리꼴 모양으로 우뚝 솟아 있는 성곽. 연천 호로고루는 삼국 시대 고구려의 성곽으로 한국 전쟁 때 포대가 설치되면서 크게 훼손되었다. 그 후 마을 주민이 뱀을 잡기 위해 성벽의 상부를 무너뜨리는 과정에서 성벽 일부가 노출되어 다시 세상에 나왔다. 탄탄히 쌓아 올린 성벽을 보면 우리의 오랜 역사가 느껴진다. 호로고루는 낮에도 좋지만 반차 씨가 추천하는 포인트는 바로 맑은 밤하늘! 드넓은 땅과 성곽 위로 별빛이 쏟아지는 은하수가 펼쳐지기도 한다.

> 연천군 장남면 원당리 1257-1

연천

재인폭포

#시원한폭포

에메랄드빛 맑은 폭포를 볼 수 있는 재인폭포. 예전에는 폭포를 가까이서 감상할 수 있었지만 현재는 안전상의 이유로 아래로 내려가는 계단은 폐쇄된 상태. 아쉬운 마음을 뒤로하고 반차 씨는 스카이워크로 향한다. 높은 곳에 위치한 전망대 바닥이 유리로 되어 있어 조금 아찔하지만 스릴 있게 느껴지기도 한다. 재인폭포를 둘러보니 반차 씨는 배가 고파서 15분 거리의 망향비빔국수 본점으로 향했다. 영화 〈강철비〉의 촬영지이기도 한 이곳에서 배우 정우성 씨가 정말 맛있게 먹던 장면이 떠올라 주저없이 잔치국수를 주문했다.

연천군 연천읍 부곡리 193

연천

동이리 주상절리

#이국적인풍경

칼로 벤 듯한 가지런한 단면이 인상적인 주상절리. 이런 신기한 풍경을 보기 위해 반차 씨는 연천으로 떠났다. 동이리 주상절리는 2km가 넘는 자연 병풍으로 한반도에 화산 폭발로 흘러나온 용암이 한탄강을 따라 흘러갔음을 보여주는 지질학적으로도 중요한 지형이다. 비가 오는 날에는 주상절리 벽을 타고 흐르는 빗물로 거대한 폭포처럼 보이기도 하는데 자연의 웅장함에 다시금 놀라게 된다. 긴 주상절리를 한눈에 보고 싶다면 동이대교 위에서 보는 것을 추천한다.

연천군 미산면 마동로196번길 401

의정부

제일시장

#주차권챙기세요 #먹으러가는시장

지하 1층과 지상 1, 2층으로 구성된 시장으로 1층에는 간단하게 요기할 수 있는 포장마차들이 즐비해 있다. 떡볶이부터 잔치국수, 미국식 핫도그, 계란빵 등 메뉴 구성도 다양하다. 참새가 방앗간을 그냥 지나칠 리 없듯 반찬 씨도 간단하게(그리고 다양하게) 맛을 봤다. 저렴한 가격으로 배를 채웠으니 이제 시장 구경을 나설 차례. 경기 북부에서 제일 큰 시장답게 각종 생활용품, 과일, 반찬, 잡화 등이 가득하다. 제일시장은 통닭이 유명한데, 푸짐한 시장 통닭에 닭똥집, 마늘까지 가득 튀겨주니 배부르게 먹기 좋다.

의정부시 태평로73번길 20

의정부

부대찌개 거리

#호불호없는그맛

푸짐하고 칼칼한 찌개가 먹고 싶은 반찬 씨. 무얼 먹을까 고민하다 의정부 부대찌개 거리까지 오게 되었다. 부대찌개는 역시 의정부가 원조라며, 기대에 부푼 마음을 이끌고 부대찌개 거리로 향했다. 대한민국 최초 부대찌개 1호점이라는 오뎅식당부터 햄과 소시지가 듬뿍 들어 있는 경원식당, 다진 마늘이 가득 들어가 감칠맛을 더한 장흥식당까지. 부대찌개 거리에는 비슷해 보이지만 각자의 개성을 가진 부대찌개 가게들이 가득하다. 모두 다 맛보고 싶지만 위장은 하나라 반찬 씨는 행복하지만 어려운 고민에 빠졌다.

의정부시 태평로137번길 22-1

인천

차이나타운

#짜장면 #월병 #홍두병 #만두

반차 씨는 짜장면이 아닌 월병을 먹기 위해 차이나타운에 간다. 짜장면이야 늘 언제나 맛있으니까 오늘의 목적은 중국식 과자를 먹는 것이다. 월병은 중국 과자로 추석에 보름달의 모양을 상징해서 둥글게 만든다. 가까운 이웃과 나눠 먹고 행복을 빌어준다는 월병. 차이나타운에서 파는 월병의 소는 팥, 블루베리, 견과류 등이 들어가 다양한 맛을 고를 수 있다. 갓 나온 따끈한 월병을 한입 베어 먹으면 저절로 웃음이 난다. 촉촉하게 먹고 싶다면 팬케이크 같은 식감의 홍두병을 추천한다.

인천시 중구 북성동2가 14

인천

인천대공원

#맑은날 #비오는날 #모두좋은곳

"비가 오는 날이면 나도 모르게 가는 곳이 있다. 그곳은 바로 인천대공원…" 가수 UV의 노래 〈인천대공원〉을 듣다가 갑자기 인천대공원에 가보고 싶어진 반차 씨. 노래에는 동물과 공작새가 나오는데 정말 있을까 하는 궁금증에서였다. 비가 억수로 많이 온다는 인천대공원은 의외로 꽃이 가득하고 산책하기 좋은 곳이었다. 놀이공원이 떠오르는 거대한 입구를 통해 들어가면 생각보다 큰 규모에 놀란다. 동물원, 수목원, 캠핑장, 썰매장, 호수, 매점이 있고 자전거를 대여해 공원을 둘러보아도 좋다. 구석구석 관리가 잘되어 있어 야외 활동을 하기에 좋다. 다음에는 비가 억수로 많이 오는 날에도 방문하고 싶다.

인천시 남동구 무네미로 236

> 인천

배다리 성냥 마을박물관

#월요일휴관 #입장료무료

옛 동인천우체국을 개조해 만든 배다리 성냥 마을박물관은 우리나라 최초의 성냥 공장이었던 '조선인촌회사'를 기억하기 위해 만들었다. 우리나라 성냥의 역사와 빈 티지한 성냥 패키지 등을 한눈에 볼 수 있는 곳이다. 전시 마지막 코스인 금곡다방에서 반차 씨는 열심히 성냥 탑을 쌓으며 재미있는 시간을 보냈다. 박물관 근처에 배다리 헌책방 골목도 인접해 있어 스윽 둘러보았다. 오래된 책만이 가지고 있는 분위기가 지나가는 이들의 마음을 사로잡곤 한다. 배가 고파진 반차 씨는 문화반점으로 가서 간짜장을 먹으며 오늘의 반차 여행을 마무리한다.

> 인천시 동구 금곡로 19

인천

일광전구 라이트하우스

#카페 #주차가능 #월요일휴무

백열전구를 만드는 회사 일광전구에서 오픈한 카페 라이트하우스. 입구 천장부터 촘촘하게 박힌 전구가 카페의 콘셉트를 보여준다. 옛 병원 건물을 개조해 건물 구조가 조금 독특한데, 카페 뒷문을 열면 바로 뒤 건물과 이어진다. 빈티지한 가구들이 곳곳에 있고 층마다, 공간마다 조금씩 다른 콘셉트도 눈길을 사로잡는다. 건물 사이에 있는 정원 곳곳에 카페 공간을 만들어 매번 새로운 좌석에 앉고 싶어진다. 반차 씨가 제일 좋아하는 공간은 복도와 계단 사이 거대한 미러볼이 햇빛에 반사되어 몽환적인 느낌이 나는 곳인데, 이곳을 꼭 찾길 바란다! 디저트 종류도 많아 행복한 고민이 드는 라이트하우스에 방문해보자.

인천시 중구 참외전로174번길 8-1

파주

벽초지수목원

#데이트코스로도찰떡 #인생사진은여기서

벽초지는 '푸른 수목과 연못이 어우러진 터'라는 뜻으로 동서양의 정원이 혼합된 아름다움을 한눈에 감상할 수 있는 곳이다. 박찬욱 감독 영화 〈아가씨〉에 나오는 주목나무정원과 각종 영화, 드라마, 광고 촬영지로도 유명하다. 최근에는 셀프 웨딩 사진 촬영지로도 인기를 끌고 있다. 연중무휴이나 계절에 따라 폐장 시간이 다르니 겨울철에는 조금 서두르는 것이 좋다.

> 파주시 광탄면 부흥로 242

파주

지혜의 숲

#파주출판도시 #마음편안 #2200번버스 #아울렛은덤

지혜의 숲이 위치한 파주출판도시는 책을 만드는 데 뜻있는 출판사와 유통사가 모여 있는 곳으로 대부분의 출판사가 입주해 있다. 지혜의 숲은 가치 있는 책을 한데 모아 보존하고 관리하며 함께 보는 공동의 서재로, 천장까지 가득 들어차 있는 책장과 수만 권의 도서를 만날 수 있는 곳이다. 총 3관으로 이루어진 지혜의 숲 1관은 학자, 지식인, 전문가들의 기증 도서가, 2, 3관은 출판사에서 기증받은 도서가 소장되어 있다. 3관은 24시간 운영하고 있다. 도서는 자유롭게 열람할 수 있으니 지혜의 숲에서 유유히 책을 즐겨보자. 여유로운 휴식을 원한다면 지혜의 숲 위층에 있는 게스트 하우스 지지향에도 묵어보는 것을 추천한다. 객실마다 한 작가를 테마로 정해 꾸며져 있다.

파주시 회동길 145

임진각 관광지

#평화누리공원 #평화랜드 #포비DMZ

12월 31일 밤, 새해를 맞이하기 위해 카운트다운을 시작하면 MBC 가요 시상식에서 어김없이 이원 생중계를 하던 장소인 임진각. 반차 씨는 어른이 되어서야 처음 가봤다. 임진각 관광지는 군사 분계선에서 남쪽으로 7km 떨어진 곳에 위치해 북한 기념관, 각종 기념비와 공원, 산책로, 놀이공원으로 구성되어 있다. 전쟁의 아픔을 간직한 곳이지만 평화로운 통일을 위한 곳이기도 하다. 넓은 자연에서 마음껏 뛰어놀 수 있도록 편안하게 조성되어 있다. 베이글과 커피로 유명한 카페 포비가 DMZ 지점을 오픈하였으니 맛 좋은 커피를 마시기 위해서라도 방문하길 권한다.

> 파주시 문산읍 마정리 1335

파주

마장호수

#산책로 #출렁다리

산책로 조성이 잘되어 있는 호수공원으로 사계절의 아름다움을 자연 그대로 만나 볼 수 있는 곳이다. 마장호수를 가로지르는 출렁다리도 인기인데, 오전 9시부터 오후 6시까지만 개방한다. 입장료와 주차비가 없고 애완동물도 동반 입장이 가능하기에 자주 방문해도 부담이 없다. 간식을 먹을 수 있는 쉼터가 곳곳에 마련되어 있어 미리 준비해간 도시락을 먹기 좋다. 마장호수 근처에 분위기 좋은 카페가 많이 생기고 있어 드라이브 코스로도 추천한다.

파주시 광탄면 기산로 255

파주

반김 크라프트

#소반 #전통공예 #목공예 #편집숍

음식을 올려놓는 작은 상 소반에 관심이 생긴 반차 씨. 꼭 식사가 아니더라도 독서를 하거나 노트북을 올려놓고 작업을 하거나, 인테리어 소품으로도 그만인 소반이 갖고 싶어졌다. 회사 팀장님의 추천을 받고 찾아간 양병용 작가의 반김 크라프트. 정갈하면서도 단아한 소반과 우드 트레이, 오브제 등을 만날 수 있다. 나무 제품은 시간이 지날수록 색감이 짙어지면서 그 진가가 나타나는데 하나하나 정성스럽게 만든 그의 작품을 보면 모두 소장하고 싶어진다. 가능하면 인스타그램이나 전화를 통해 예약하고 찾아가면 좋다.

파주시 돌곶이길 74-29

포천

전통술박물관 산사원

#느린마을 #배상면주가 #전통술

배상면주가의 다양한 술을 맛볼 수 있는 곳. 본관과 느린마을로 나뉘는데 본관에 있는 전통술박물관부터 관람하면 된다. 우리나라 전통술에 관해 이것저것 살펴보며 막걸리, 과실주, 약주 등의 주류 시음도 가능하다. 느린마을에 들어서면 술을 빚을 때 사용하는 거대한 장독대가 있는 양조장을 만나게 된다. 시간이 잠시 멈춘 느낌이라 마음이 편안해진다. 마음에 품고 있는 소원을 적는 소원 장독대가 있어 반차 씨도 소원을 적었다. 입장료는 3,000원이지만 나갈 때 느린마을 막걸리를 한 병씩 증정해 기분 좋게 집으로 돌아오게 된다.

포천시 화현면 화동로432번길 25

포천

산정호수

#느릿느릿잔잔한산책

'산속의 우물'이라는 뜻을 지닌 산정호수는 산으로 둘러싸여 있어 아름다운 풍경을 자랑한다. 호수 주변으로 둘레길이 형성되어 있는데 반은 나무 데크로 반은 소나무 숲길로 되어 있다. 한가로이 호수를 따라 거닐다 보면 햇빛에 따라, 주변 산에 따라 다양한 풍경을 만나게 된다. 잔잔한 호수 위에서 오리 배도 탈 수 있는데 추운 겨울이 되어 호수가 꽁꽁 얼면 오리 썰매를 운영한다. 산정호수는 계절별로 행사가 열리고, 플리마켓도 종종 열리니 사계절 내내 들르기 좋은 곳이다.

> 포천시 영북면 산정리 243-1

포천

비둘기낭 폭포

#신비한물빛 #이국적인풍경

신비하고 영롱한 물빛을 자랑하는 비둘기낭 폭포. 암석의 틈 사이에 비둘기들이 많이 살던 곳이라 붙여진 이름이다. 반차 씨는 비둘기를 조금 무서워하지만 지금은 비둘기가 없다는 이야기에 비둘기낭 폭포를 찾았다. 입구에서 나무 데크로 된 계단을 주욱 내려가면 폭포를 가까이서 볼 수 있는데, 아름다운 자연의 절경에 넋 놓고 바라보게 된다. 천연기념물로 지정되어 있어 폭포 안쪽으로는 들어가지 못하지만, 7, 8월 사전 접수를 통해 한시적으로 전문 해설사와 동행하여 출입 제한 구역을 개방하고 있다. 멀리서 비둘기낭 폭포의 전경과 한탄강의 주상절리를 감상하고 싶다면 하늘다리에 올라 멋진 풍경을 즐겨보자.

포천시 영북면 대회산리 415-2

> 포천

이동갈비촌

#나는지금고기가당긴다 #중독성강한맛

달짝지근한 양념에 부드러운 고기, 숯불에 구워 사르르 녹는 고기를 맛보고 싶어 반차 씨는 이동갈비촌을 찾았다. 소갈비와 나머지 살을 이어 만든 이동갈비는 포천 이동면에서 처음 시작해 붙여진 이름이다. 우시장이 발달한 곳이 아닌데도 이 지역에 이동갈비가 생긴 이유는 주변 군부대와 산악인들이 푸짐하고 배부르게 먹기 위해 생겼다고 한다. 외곽이라 대부분의 가게가 널찍하고 주변에 풍경이 좋아 야외에서 편안하고 맛있는 한 끼를 즐기기 좋다. 포천시 일동면과 이동면 사이에 수많은 이동갈비집이 있으니 둘러보자.

> 포천시 이동면 화동로 일대

포천

국립수목원

#인터넷예약필수 #일요일월요일휴무

반차 씨가 가장 좋아하는 수목원. 광릉숲 안에 위치한 수목원으로, 광릉숲은 조선 시대 세조가 즐겨 찾던 사냥터로 일제 강점기와 한국 전쟁을 거치면서도 540여 년간 훼손되지 않고 산림이 잘 보존되어 있으며 유네스코 생물권 보전지역으로 분류될 정도로 자연 경관이 뛰어나다. 세계적으로도 희귀한 산림을 만나볼 수 있으며 마음의 여유가 필요한 날 국립수목원의 산책로를 걸으면 마음이 한결 가벼워진다. 사계의 변화를 뚜렷이 관람할 수 있어 언제 방문해도 좋은 곳이다.

> 포천시 소흘읍 광릉수목원로 415

미술관, 체험관, 유적지, 쇼핑몰 등 다양한 복합 문화가 어우러진 경기 남부. 오밀조밀 구성된 도시 속에서 자연도 함께 즐길 수 있도록 다채로운 경험이 숨어 있는 곳이다. 일상을 살짝 벗어나 그리 멀지 않은 곳에서 새로운 기분을 만끽한다면 작은 활력이 생기지 않을까.

다채로운 경험을
즐기고 싶다면,
경기 남부

광명

광명동굴

#여름에피서오세요 #폐광의기적 #이케아가는길

해방 후 수도권 최대의 금속 광산이 폐광의 운명을 맞았고, 약 40년 동안 새우젓 창고로 쓰이다가 새 옷을 갈아입고 관광지로 재탄생했다. 동굴에 들어가려면 멀리 강원도까지 가야 한다고 생각했던 반차 씨도 이렇게 가까운 곳에 동굴이 있다는 사실에 놀랐다. 빛을 이용한 산책로인 웜홀광장, 와인동굴, VR 광산체험까지 볼거리가 가득하여 둘러보는 내내 심심할 틈이 없다. 광명동굴 1주차장의 업사이클아트센터에서 버려진 물건에 예술적 가치를 더해 재탄생한 작품들도 있으니 둘러보길 바란다.

광명시 가학로85번길 142

광명

충현박물관

#종가박물관 #동절기휴관

조선 시대 영의정을 다섯 번이나 지내고도 검소한 생활을 하던 오리 이원익 선생의 고택이다. 선비 문화를 계승, 보호하기 위해 후손들이 1994년 전시실 충현관을 건립한 후 2년 뒤 본격적으로 개방했다. 우리나라 유일의 종가박물관으로, 선조를 섬기고 가문의 전통을 이어가는 우리나라의 종가 문화를 엿볼 수 있었다. 주변의 숲과 어우러져 여유 있는 산책을 하기 좋아 사계절 내내 운치 있는 전통 나들이를 즐길 수 있다. 매주 화요일에서 토요일까지 문화 관광 해설사의 해설이 하루 3회 시행되니 시간 맞춰 방문해보자.

광명시 오리로347번길 5-6

광주

화담숲

#예약하고가면더좋아요

곤지암리조트 바로 옆에 위치한 화담숲. 스키장이었던 곳답게 초급자용 리프트를 타고 오르면 매표소에 도착할 수 있는데, 모노레일을 예매한 후 기다리는 동안 자연생태관에서 민물고기와 곤충들을 관람할 수 있다. 모노레일을 타고 제2승강장에서 내리면 경사가 다른 두 갈래의 트래킹 코스를 선택할 수 있고, 각각 볼 수 있는 식물과 풍경이 다르니 참고하자. 특히 가을 단풍이 멋진 곳이라 가을 시즌에만 많이 찾는데, 반차 씨는 봄과 여름에도 아름다운 꽃과 푸르른 나무를 한적하게 볼 수 있어 계절에 상관없이 화담숲을 찾는다.

광주시 도척면 도척윗로 278

광주

카페인신현리, 스멜츠

#자작나무카페 #풍경맛집

그리 멀지 않은 곳에, 여행 온 것 같은 기분을 내고 싶을 때 반차 씨가 찾는 카페 겸 음식점을 소개한다. 일명 자작나무 카페, 카페인신현리는 스페셜 커피와 베이커리 키친을 콘셉트로 핸드메이드 슬로우푸드를 먹을 수 있다. 유리창 너머에 쭉쭉 뻗은 자작나무를 보고 있으면 우거진 숲 한가운데로 순간 이동 한 것 같은 느낌이 든다. 반차 씨가 찾는 또 다른 카페인 풍경 맛집 스멜츠는 2층으로 올라가자마자 눈 앞에 통창의 푸른 숲 화면이 펼쳐진다. 계절별로 다채롭게 바뀌는 배경으로 음료와 음식을 맛볼 수 있다.

- 카페인신현리: 광주시 오포읍 새말길167번길 68
- 스멜츠: 광주시 오포읍 신현로 103

광주

남한산성 도립공원

#땀한번흘려볼까

반차 씨가 추천하는 남한산성 트래킹 코스

A코스: 전체 성곽을 둘러보고 싶다면 (약 4시간 소요)
좌익문(동문) - 장경사 - 동장대터 - 전승문(북문)
- 우익문(서문) - 수어장대 - 영춘정 - 지화문(남문) - 좌익문(동문)

B코스: 짧지만 여유롭게 성곽을 둘러보고 싶다면 (약 2시간 소요)
산성로터리 - 전승문(북문) - 우익문(서문) - 수어장대
- 영춘정 - 지화문(남문) - 산성로터리

광주시 남한산성면 산성리

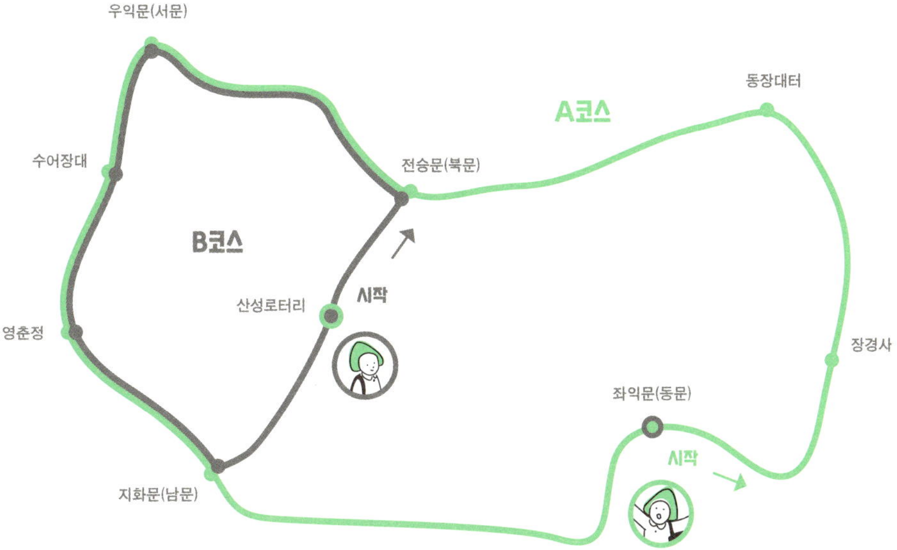

우익문(서문)

동장대터

수어장대

A코스

전승문(북문)

B코스

산성로터리 시작

영춘정

장경사

좌익문(동문)

시작

지화문(남문)

광주

광주 한옥마을

#고즈넉 #연차결심

남한산성 기슭의 느티나무와 소나무들이 함께 어우러지는 곳에 위치한 400년 넘은 이 한옥마을은 충남 광천의 사대부 한옥을 복원 시켜 만들었다. 스테이, 카페, 돌스튜디오도 운영한다. 카페 새오개길39에서 전통음료를 즐기며 수려한 자연 속 고즈넉한 한옥의 정취를 느끼며 휴식을 즐겨보자. 한옥 스테이에서 하루쯤 살아보는 것만으로도 일상에서 즐거운 이벤트가 될 것 같아 반차 씨는 다음에는 연차를 내고자 결심했다.

> 광주시 새오개길 39

광주

닻미술관

#매달마지막주수요일무료 #느낌충만

닻미술관은 작가의 작품집을 기획, 출판하는 닻프레스가 운영하는 아담한 미술관이다. 무작위적인 예술적 친절을 통한 나눔의 뜻을 구현하는 사진과 책 중심의 전시와 창작의 즐거움을 경험할 수 있는 흙공방, 나무공방, 온실을 운영한다. 미술관과 자연스럽게 연결되어 있는 갤러리 카페 돛에서 따뜻한 차 한잔도 마실 수 있고 소규모로 책도 판매하고 있다. 매주 월, 화요일이 휴관이니 참고하자.

광주시 초월읍 진새골길 184

부천

플레이아쿠아리움

#먹이체험을위해 #현금필수

워터파크, 스파 등이 있는 웅진 플레이도시에 위치한 플레이아쿠아리움. 다른 곳과는 다르게 해양생물부터 포유류 동물, 파충류가 있어 물고기 먹이 체험과 수달, 토끼, 사자, 호랑이 먹이 체험까지 할 수 있다. 반차 씨도 조카와 종종 찾는 곳으로 정해진 시간에 홀로그램 뮤지컬도 볼 수 있고, 작은 기계들을 이용한 물놀이 체험도 할 수 있다. 펭귄과 북극여우를 보며 밥을 먹을 수 있는 색다른 공간도 마련되어 있으니 동심으로 돌아가 시간 보내기 좋은 곳이다.

> 부천시 조마루로2 3층

부천

한국만화박물관

#부천명예시민둘리

사라져가는 우리 만화 자료를 수집, 보존해 만화의 문화 예술 가치를 증대시키고자 만들어진 한국만화박물관. 옛날 민화부터 현대 웹툰까지 만화가들의 숨결과 상상력을 직접 느껴볼 수 있다. 한국 만화의 변천사, 추억의 만화방을 그대로 재현한 곳, 입체상영관과 만화가의 머릿속 체험 공간, 이현세 작가의 동명 만화를 배경으로 한 공포의 외인구단 체험존까지. 만화를 좋아하는 사람이 아니어도 동심으로 돌아간 것 같은 추억을 제공한다.

부천시 길주로 1

부천

부천 한옥체험마을

#도시속작은쉼터

만화박물관을 둘러보았으니 이참에 반차 씨는 바로 옆에 위치한 한옥체험마을까지 들르기로 했다. 한국만화박물관 옆에 아담한 규모의 한옥마을이 조성되어 있는데 윷놀이, 제기차기, 땅따먹기, 나무 그네 등의 전통놀이를 체험하며 옛 풍습을 느낄 수 있는 곳이다. 혼례실에서 전통혼례를 어떻게 하는지 엿볼 수 있고, 한옥에서 묵으며 숙박 체험을 하거나, 고즈넉한 한옥을 배경으로 전통차를 즐길 수 있다.

부천시 상동 529-56

부천

아트벙커 B39

#구석구석탐험모드

쓰레기 소각장이었던 곳을 재정비해 카페와 갤러리, 스튜디오로 리모델링한 공간이다. 1층 카페에서는 음료와 간단한 식사를 할 수 있고, 카페 옆쪽 갤러리로 이동하여 자연스레 전시 관람이 가능하다. 여기저기 쓰레기 소각장 시절의 모습이 그대로 남아 있는데, 세월의 흔적이 고스란히 남은 녹슨 기계들과 구조물들을 발견할 수 있어 즐거운 경험을 할 수 있다. 공장의 모든 공간이 다 이어져 있어, 탐험하는 것 같은 재미도 있다.

부천시 삼작로 53

성남

정토사

#템플스테이 #연잎구경 #경건

1982년 상적동의 한 주택을 인수하여, 한보광 주지 스님 중심의 정토선원을 연 것을 시작으로 현재는 청계산의 대표사찰이다. 템플 스테이를 운영 중인데, 종교와 상관없이 체험할 수 있으며 휴식형과 체험형 중 선택할 수 있다. 청계산의 풀내음과 새소리를 들으며 조용히 시간을 흘려보내다 보면 고요함에 마음이 편안해진다. 아담한 규모의 사찰 외관은 화려하나 곳곳에 연꽃을 많이 심어두어 산의 푸름과 더불어 더욱 아늑한 분위기를 내고 있다.

> 성남시 수정구 옛골로42번길 3

성남

새소리물소리

#제대로된한옥카페

경주 이씨 집성촌이었던 오야동 마을에서 14대 할아버지부터 100년 가까이 살아온 한옥을 개조해 만든 카페이다. 깊게 우거진 숲과 잉어들이 뛰어노는 연못 틈에서, 창밖으로 펼쳐진 녹음만 바라봐도 힐링이 되는 곳이다. 경남 함양에서 직접 공수한 최상급 적두로 4시간 동안 직접 삶고, 국내산 쌀가루를 넣어 만든 팥죽이 반차 씨가 가장 좋아하는 메뉴다. 카페 주변으로 성남시 보호수로 지정된 300년 된 느티나무와 팔각정, 연못과 우물이 있으니 함께 둘러보면 좋다.

성남시 수정구 오야남로38번길 10

성남

율동공원

#율동하는곳아님

율동공원은 분당 신시가지에 조성된 대형 근린공원으로 성남 시민들뿐 아니라 서울에서까지 나들이 명소로 자리 잡고 있다. 날씨가 좋아 피크닉이 가고 싶은 반차씨는 율동공원으로 향했다. 호수와 잔디밭, 야산 등 기존 자연을 잘 살려 조성해 경치가 아름답고 영장산 자락이 이어져 공기도 좋다. 4만여 평 규모의 율동저수지는 2.5km 거리인 산책로와 자전거 전용 도로, 드라이브 길 등으로 되어 있어 다양한 방법으로 호수 경치를 구경할 수 있다. 이 외에도 율동저수지의 분수, 높이 13m의 인공 암벽, 배드민턴장, 잔디 광장 등의 다양한 시설을 갖추고 있고, 호수 주변으로 아늑한 카페들이 있어 배부르게 먹고 소화시킬 겸 산책하기도 좋다.

성남시 분당구 율동 399

성남

신구대학교식물원

#일년내내꽃밭 #꽃인지사람인지

신구대학교에서 국내외 식물들을 수집 및 보존하고 연구하기 위해 만든 약 17만 평의 식물원이다. 사계절 내내 튤립, 라일락, 연꽃, 국화 축제 등 테마를 정해 사시사철 형형색색 달라지는 자연의 모습을 만날 수 있다. 도시 생활에서 쉽게 보기 힘든 야생화들을 구경하고 그 이름을 알아보는 재미가 쏠쏠하다. 꽃집에서 파는 꽃 이름 정도만 겨우 아는 반차 씨도 신구대학교식물원을 찾아 다양한 야생화의 아름다움에 흠뻑 빠졌다.

성남시 수정구 상적동 123-5

수원

수원화성

#자랑스러운우리건축물 #걸어서조선여행

수원화성은 우리나라 성곽 문화의 백미이다. 1997년 유네스코 세계 문화유산으로 지정되었고, 조선 시대에 지어진 가장 뛰어난 건축물 중 하나로 손꼽힌다. 1호선 수원역에 내려 버스를 타고 10여 분 정도 달리면 수원화성에 도착한다. 숭례문보다 큰 수원화성의 크기에 놀란 반차 씨. 매표하고 들어서면 성곽 안 이곳저곳을 들여다볼 수 있다. 물론 매표하지 않더라도 성곽 밖에서 성곽을 느끼기에도 충분하다. 장안문 - 화홍문 - 방화수류정 - 팔달문의 코스로 약 2시간 정도 둘러보다 보면 조선 시대 건축물의 웅장한 기개와 아름다움에 흠뻑 빠지게 될 것이다.

수원시 장안구 영화동 320-2

수원

진미통닭

#3대천왕 #닭은언제나옳다

수원화성 팔달문 근처 치킨집이 밀집되어 있는 수원통닭 거리는 수원에서 가장 인기 있는 곳 중 하나다. 조리하는 곳이 유리로 되어 있는데 통닭을 튀기는 과정을 직접 구경할 수 있어 시각, 후각적으로 침샘이 자극된다. 메뉴는 프라이드통닭, 양념통닭, 옛날통닭 세 가지이고, 튀김옷이 두껍지 않아 바삭바삭하다. 통닭을 주문하면 닭똥집도 함께 나오고, 프라이드통닭에 소금, 겨자 소스, 양념 소스가 같이 제공되어 입맛에 맞게 찍어 먹는 재미가 있다.

수원시 팔달구 정조로800번길 21

수원

광교호수공원

#다걷기엔좀길다 #쉬었다가자

국내 최대 규모의 광교호수공원. 광교신도시가 들어서기 전에는 놀이동산, 낚시터 등의 위락 시설이 있던 곳이었는데 시민들이 편안하게 즐길 수 있도록 광교호수공원으로 탈바꿈했다. 야경이 특히 아름다운데 요즘 드라마나 예능 프로그램에도 자주 등장하여 어딘지 모르게 익숙한 곳이다. 호수 주변을 둘러싼 산책로는 굉장히 긴 편으로 저녁에는 걸을 때마다 조명의 색이 은은하게 바뀐다. 반차 씨는 남자 친구가 생기면 밤에 다시 오기로 결심했다. 중간중간 벤치와 흔들 그네 등에서 쉬어가며 걷다 보면 이마에 땀이 송골송골 맺힌다.

수원시 영통구 하동 1020

수원

삼성 이노베이션뮤지엄

#나도아직과학꿈나무 #삼십년째꿈나무

외국 국빈들의 방문도 잦다고 전해져 왠지 끌리는 삼성 이노베이션뮤지엄은 전자산업의 역사를 한눈에 조명할 수 있는 전시관이다. 전자 제품과 기술의 혁신이 우리의 삶을 어떻게 변화시켰는지 경험할 수 있는 곳이다. 발명가들을 만나볼 수 있는 1전시관, 발명가들이 만든 혁신이 어떻게 일상생활 속에 적용됐는지 보여주는 2전시관, 미래 신기술을 영상으로 보여주는 3전시관, 1층에 별도로 마련된 삼성전자 역사관으로 구성되어 있다. 평일 관람은 사전에 예약해 도슨트의 안내를 받으며 관람할 수 있고, 토요일은 자유 관람이 가능하다.

수원시 영통구 삼성로 129

플라잉수원

#열기구데이트추천 #무서우면포옹

열기구를 타고 하늘을 날다니! 동화 속 한 장면을 생각하며 반차 씨는 기대에 부풀어 플라잉수원을 찾았다. 정확히는 열기구가 아니라 헬륨이 들어 있는 계류식 헬륨 기구인데 헬륨 가스는 발화하거나 폭발하지 않아 안전하다. 지상에서부터 천천히 움직여 기상 조건에 따라 70m에서 최대 150m까지 올라간다. 비행시간은 10~15분 소요되고, 정상에서 잠깐 멈추는데 이때 놀라지 말자. 수원화성과 수원 시내의 모습이 한눈에 내려다보이는데, 시야를 방해하는 건물 없이 두 눈으로 선명하게 볼 수 있어 색다른 경험을 제공한다.

> 수원시 팔달구 경수대로 697

수원

경기상상캠퍼스

#무한한공간활용

옛 서울대학교 농업생명과학대학 부지에 위치한 경기상상캠퍼스는 울창한 숲과 산책로, 다양한 문화 예술이 어우러진 복합문화공간이다. 입구에 들어서면 울창한 숲 아래에 정자와 자연을 이용한 조형물이 있는 산책로가 조성되어 있다. 대학 강의실로 사용되던 여러 건물에서 각종 전시와 센터 수강생들의 학습 모임, '작은 아지트'라는 주민들을 위한 개인 학습 공간 등이 알차게 꾸며져 있다. 해마다 4월~9월까지 매월 마지막 주 토요일 오후에 경기상상캠퍼스의 사색의 동산 잔디밭에서 플리마켓, 얌얌마켓, 포레 놀이터, 오락실, 버스킹 공연 등 '숲속, 모두의 포레포레'가 열린다.

수원시 권선구 서둔로 166

시흥

오이도

#옛시인의산책길

지하철 4호선 종착역인 오이도. 지하철을 타고 갈 수 있는 바다라니. 실제로 오이도 역과는 거리가 조금 있지만 반차 씨는 설레는 마음으로 지하철을 탔다. 원래 육지에서 4km 정도 떨어진 섬이었으나 일제 강점기 때 갯벌을 염전으로 이용하면서 육지와 연결되었다. 저 멀리 황새바위를 바라보며 보이는 갯벌에서는 썰물 때에 낙지, 붉은발농게, 짱뚱어 등 다양한 갯벌 생물을 볼 수 있다. 빨강등대로 향하는 쭉 뻗은 길 오른쪽은 바다, 왼쪽은 다양한 해산물을 먹을 수 있는 음식점들이 늘어서 있다.

시흥시 정왕동 오이도 1073

시흥

월곶포구

#싱싱한횟집나들이

월곶 앞바다를 매립해 만든 월곶포구는 드라이브하기에도 도로가 잘 정비되어 있고, 포구와 가까워질수록 스치는 풍경마다 정겨운 멋이 흘러넘친다. 어선이 자주 드나들기 때문에 근처 어시장과 횟집에서 갓 내린 싱싱한 해산물 요리를 바로 즐길 수 있는데 바닷가에서 즐기는 맛이 남다르다. 매해 가을마다 월곶 마을의 특성을 알리고 지역 발전에 기여하고자 '월곶포구축제'가 열린다. 먹거리 장터, 문화 체험, 초청 공연, 어선 승선 체험 등이 있다.

시흥시 월동중앙로 57

시흥

갯골생태공원

#역사속의염전체험

145만 평에 이르는 드넓은 소래염전이 펼쳐져 있고, 생산한 소금은 일제 강점기에 대부분 일본으로 반출되었던 과거가 있다. 그 기능을 상실한 염전은 지금은 터만 남아 있는데, 국가습지보호구역으로 지정된 시흥 갯골에 다채로운 생태를 체험할 수 있는 생태공원으로 재탄생하였다. 소금을 만들고 거래했던 소금 창고, 소금을 실어 날랐던 열차 등이 보존되어 있어 역사를 되짚어보는 순간을 가질 수 있다. 염전을 지나 커다란 풍차가 서 있는 갈대밭은 인기 촬영 장소이다.

시흥시 동서로 287

안산

경기도미술관

#미술관에서하루종일 #미술관옆호수

화랑유원지 안에 있는 경기도미술관은 2006년 개관해 지금까지 꾸준히 미술과 사회, 문화, 예술에 대한 다양한 관심을 반영하는 전시와 교육 프로그램을 운영하고 있다. 전시를 무료로 관람할 수 있어 반차 씨가 종종 찾는 곳이다. 미술관 외벽의 거대한 반투명의 유리 벽 판은 수변 위에 띄워진 배의 돛대 형상으로 해양도시 안산의 이미지를 살린 건축미가 느껴지고, 야외조각공원에는 여러 조각들이 전시되어 있다. 1층 로비에 있는 도서관에는 국내외 미술 잡지와 도록이 비치되어 있다. 전시도 관람하고 카페테리아에서 호수를 바라보며 여유롭게 커피 한잔하면 어떨까.

안산시 단원구 동산로 268

안산

시화달전망대

#실컷바다구경 #실컷하늘구경

반차 씨는 가슴 뻥 뚫리는 드라이브를 하고 싶을 때 시화방조제로 향한다. 간척 사상 최대 조차로 알려진 10.3m의 조차를 극복한 난공사였던 간척 사업의 결실, 시화방조제 끝에 자리한 대부도의 관문이다. 기다란 막대기에 도넛이 쏙 들어간 형태를 지닌 시화달전망대는 25층 높이에 올라 360도 둘러보며 대부도, 인천, 시흥을 바라볼 수 있다. 대낮보다는 일몰 시각에 맞춰 관람하면 더욱 운치 있다. 미세 먼지의 영향으로 시야가 좁아질 수 있으니 기상을 잘 확인해서 방문하길 추천한다.

안산시 단원구 대부동동 2098

동춘서커스단

#추억의서커스 #살아있는한국의서커스역사

대부도에 위치한 동춘서커스단은 100년에 가까운 긴 역사를 자랑하는 역사 깊은 서커스단이다. 천막 안은 생각보다 넓고 공연이 시작되면 연륜 있는 단원들의 카리스마 넘치는 장면에 반차 씨는 쉴 틈 없이 박수를 쳤다. 앳된 모습의 단원들이 아찔한 묘기를 펼칠 때면 얼마나 피나는 연습을 했을지 가늠이 안 될 정도이다. 출연진은 매일 다르며, 공연 일정은 조금씩 바뀌므로 미리 홈페이지를 확인할 것.

안산시 단원구 대부황금로 1432

안산

대부 바다향기 테마파크

#역사속의염전체험

시원한 바다 내음이 풍기는 생태테마공원으로 자연의 아름다움이 가득한 곳이다. 4.3km의 산책로와 습지 관찰 데크가 있다. 5월부터 11월까지는 코끼리 전기차가 무료 운행하고 전동 스쿠터는 유료로 탈 수 있다. 가을에는 황금빛 억새들이 아름답게 조성되어 있어서 스몰 웨딩 촬영지로도 유명하다. 조금 들어가면 방아머리해수욕장도 있으니 그냥 가지 말고 시원한 바닷물에 발도 담그자. 먹성 좋은 갈매기들에게 먹이를 줄 때 갈매기가 침을 손에 묻히며 낚아채 가도 놀라지 말자. 반차 씨도 여러 번 당했다.

안산시 단원구 대부북동 1841-10

안성

안성팜랜드

#귀요미양

탁 트인 초원에서 귀여운 가축들을 직접 만지며 먹이를 주고, 들꽃 한 포기의 가치를 배우는 즐거운 체험형 목장이다. 그림 같은 초원에서 놀이 기구를 탈 수도 있고 전동 자전거 대여와 승마 체험도 가능하다. 봄에는 유채꽃, 여름에는 해바라기, 가을엔 코스모스와 핑크뮬리를 만날 수 있다. 제휴 카드와 할인 프로모션도 있으니 조건에 맞는지 확인해보고 가자.

안성시 공도읍 대신두길 28

안성

풍산개마을

#출구없는댕댕이들의매력

풍산개마을로 들어가기 전에 푸르른 가로수길이 펼쳐지는데, 반차 씨는 그 길에서부터 설렘이 가득했다. 조금만 더 가면 풍산개를 만날 수 있는데 어린 풍산개와 2시간 동안 놀 수 있다. 풍산개는 영리하면서도 용맹한 것으로 유명하다. 실외에서 피크닉 및 산책을 할 수 있는 '풍산피크닉'과 실내 카페에서 함께 하는 '풍산인더카페' 두 가지 테마 중 고를 수 있다. 풍산피크닉은 사전 예약 후 정해진 시간에 강아지들과 산책하며 간식을 먹을 수 있고, 산책에서 돌아온 강아지는 일정 시간 동안 휴식 시간이 주어져 연이은 산책이 불가하다. 아장아장 강아지들끼리 뛰노는 모습만 봐도 힐링이 된다.

안성시 삼죽면 덕산리 119

안양

안양예술공원

#예술작품에빠져보자

안양예술공원 안에서는 다양한 예술 작품을 감상하면서 관악산 둘레길 산책을 할 수 있다. 가벼운 코스가 있고, 단단히 마음을 준비해야 할 코스로 나뉘어 있다. 인공 폭포와 안양파빌리온 사이의 광장 무대에서는 때때로 토요 행사 무대가 열린다. 안양파빌리온 안에 들어가 보면 최정화 작가의 '무문관'이라는 작품의 거대한 책장에 책이 가득 꽂혀있는데 집이 아닌 푹신한 곳에 누워 뒹굴거리며 책을 읽을 수 있다. 안양예술공원전망대는 필수 코스로 최소한의 노력으로 산 정상에 오른 것 같은 느낌을 받는다.

안양시 만안구 예술공원로 131

안양

망해암

#노을 #야경

해 질 녘 산에 오르면 노을에 반사된 황금빛 안양 시내가 펼쳐지며 해가 진 이후에는 반짝이는 안양의 야경이 한눈에 들어온다. 차를 타고도 정상 가까이 다다를 수 있어 데이트하는 연인들에게도 인기 만점. 망해암은 원효대사가 이름을 붙인 곳으로 산 정상의 좁은 절벽에 절이 위치해 도심 속 자연의 풍경이 마음을 사로잡는다.

안양시 만안구 임곡로 245

여주

신륵사

#사시사철방문할각

봉미산 남쪽 기슭 남한강변에 자리하고 있는 천년 고찰로, 봄과 여름엔 신록의 푸르름으로, 가을엔 단풍 나들이로, 겨울엔 설경으로 찾는 곳이다. 세심정 꼭대기까지 가로로 쭉 뻗은 소나무, 천년 은행나무 등 나무마다 전해지는 이야기들을 알아가는 재미가 있고, 남한강변의 육각정 강월헌 또한 일출 장소로 유명한 아름다운 곳이다. 사시사철 단정하고 고요한 신륵사에서 반차 씨는 비로소 마음의 평온을 느꼈다.

여주시 신륵사길 73

여주

세종대왕 역사문화관

#위대한세종대왕

현재 세종대왕릉은 복원 사업 공사로 인해 입장이 불가하다. 반차 씨는 아쉬운 마음을 뒤로하고 '왕의 숲길'을 걸으며 세종대왕의 위대함을 생각했다. 우리 역사상 가장 위대한 업적을 남긴 어진 임금 세종대왕. 그로 인해 우리는 수준 높은 문화를 이룩하였다. 세종대왕의 발자취를 따라가다 보면 세종대왕 역사문화관이 나오는데 세종대왕의 일대기와 업적에 대해 이해하기 쉽게 전시되어 있다. 한글뿐만 아니라 집현전 이야기와 해시계 등 세종대왕과 관련된 다양한 이야기를 살펴볼 수 있다.

여주시 능서면 영릉로 269-10

여주

카페우즈

#창문맛집 #배경맛집

여주 프리미엄 아울렛을 가는 길에 위치한 하얀 외관에 아치 형태의 입구, 나무 문을 가진 북유럽 스타일의 카페우즈. 시원시원하게 높은 층고의 넓은 1층과 2층 공간 구석구석 예쁜 인테리어가 커피의 맛까지 기대하게 된다. 널찍한 테이블과 좌석들이 특징이고, 큰 통유리 창문들 너머로 조용한 시골길의 풍경을 감상하며 맛있는 커피와 직접 구운 빵을 먹을 수 있다. 주말에는 손님들로 북적이니 한가로운 평일 오후에 카페우즈로 떠나보는 건 어떨까.

여주시 점봉길 66

강천섬

#노란세상 #노란옷은입고가지마세요

강천섬은 가을에 노란 세상으로 물든다. 은행나무가 일자로 주욱 펼쳐져 영화 같은 한 장면이 펼쳐진다. 반차 씨는 은행나무가 펼쳐진 길을 따라 걷다가 살짝 밖으로 나와 강변길을 따라 걸었다. 강천섬 옆에는 남한강이 유유히 흐르고 햇빛에 반사된 반짝이는 강물을 보니 온 세상이 아름다워 보인다. 강천섬 안에는 캠핑장이 마련되어 있어 텐트와 간이 의자를 펼 수 있다. 다음 방문에는 텐트를 펴놓고 여유롭게 책을 읽고 싶은 마음이 들었다. 주말에는 방문객이 많아 주차가 힘드니 여유로운 평일에 가는 것이 필수다.

여주시 강천면 강천리

물향기수목원

#매점없어요 #도시락준비필수

수목원을 좋아하는 반차 씨는 오늘도 수목원으로 향했다. 지하철 1호선 오산대역에서 도보 5분 거리에 위치한 물향기수목원에는 '물과 나무와 인간의 만남'이라는 주제로 습지생태식물원, 수생식물원, 한국의 소나무원, 단풍나무원 등 총 19개의 테마 공간이 있다. 특히 물방울온실에는 사시사철 내내 꽃과 초록 식물들을 볼 수 있다. 관상조류원에는 새와 염소, 거위 등이 있고 작은 곤충생태원도 있다. 겨울보다는 따뜻한 날씨에 방문하면 시원한 수목의 기운을 청량하게 느낄 수 있다.

> 오산시 청학로 211

오산

고인돌공원

#석기시대여행 #타임머신

아파트 단지 사이에 고인돌이 있다는 신기한 이야기를 듣고 찾아간 고인돌공원. 이 공원에는 석기 시대부터 자리한 커다란 고인돌이 있는데 주변 삶의 터전과 조화롭게 어우러져 있다. 일반적인 고인돌은 네모난 돌방 위에 덮개돌을 올리는 방식으로 주로 북한에 많이 분포하는데, 오산에 있는 고인돌은 개석식으로 지표에 커다란 덮개돌만 드러나 있고 지하에 무덤이 위치하는 방식이다. '오산 금암리 지석묘군'이라고 불리는 총 9개의 고인돌이 남아 있고, 경기기념물 제112호로 지정되어 있다. 매년 봄엔 '오산봄누리예술축제', 가을엔 '오산독산성문화제'와 같은 다양한 문화 행사도 펼쳐진다.

오산시 금암동 174-1

용인

한국민속촌

#전설의고향

한국민속촌과 관련된 유튜브를 보고 한국민속촌 직원들의 재치에 감탄하며 한국민속촌을 찾았다. 그동안 생각했던 한국민속촌은 조선 시대의 집 몇 채와 당시 생활상 정도만 보여주는 곳이라 생각했는데, 사또, 작명가, 작년에 왔던 거지, 구미호 등 다양한 인물들의 시대적 배역을 맡은 민속촌 직원들의 흥과 끼를 보자마자 당장 찾아가고 싶은 마음이 생겼다. 민속촌에서는 선조들의 지혜와 슬기를 체험할 수 있고, 우리 문화와 생활 풍속도 경험할 수 있다. 각 지방에서 이건 및 복원한 실물 가옥으로 이루어져 있어 조선 시대마을, 세계민속관, 옹기전시관, 장터, 놀이마당, 그리고 전통예술 공연까지 어린이부터 어른까지 모두가 즐길 수 있다. 최근에는 야간 개장도 시작해 리얼한 공포를 체험하는 전설의 고향이 인기이다.

용인시 기흥구 민속촌로 90

용인

백남준아트센터

#동영상은안돼요 #사진만돼요

다양한 문화와 사회적 이슈에 관심이 많은 이들에게 백남준의 독특한 예술 세계와 문화적인 메시지에 대해 생각할 기회를 주는 곳이다. 센터 1층에 위치한 백남준 라이브러리는 예술 및 작품 세계와 관련된 자료가 모여 있다. 매일 2시에 도슨트가 있는데 백남준 작가의 예술 세계에 한 발짝 더 내디딜 좋은 기회니, 도슨트 시간에 맞춰 가는 것을 추천한다. 아트센터 뒤쪽으로 돌아가면 산으로 이어지는 작은 동산이 나오는데, 이곳이 반차 씨가 추천하는 포토 존. 전시를 보고 나와 백남준의 작품 세계를 되새기며 산책해보자.

> 용인시 기흥구 백남준로 10

용인

호암미술관

#벚꽃명소 #단풍구경

삼성그룹의 창업자인 고 호암 이병철 회장이 기증한 소장품을 전시하는 사립 미술관이다. 주로 한국 예술가와 문화재로 구성되어 있고, 한국 전통미술을 통하여 미래에 대한 창조적 가치를 발견할 수 있다. 호암미술관의 입구 보화문을 지나면 아름다운 한국의 전통 정원 희원이 있는데 한 폭의 풍경화를 보는 듯한 빼어난 경관을 자랑한다. 보화문을 시작으로 포근한 마음으로 산책하다 보면 미술관 건물 입구가 금세 나온다. 미술관은 1, 2층으로 구성되어 있고 1층에서 국보급 작품들을 감상하다 2층으로 올라가면 단아한 창문 밖으로 보이는 풍경과 하나가 된 느낌이 든다. 오늘 하루 예술 작품과 자연 풍경으로 눈 호강 제대로 하는 반차 씨였다.

> 용인시 처인구 포곡읍 에버랜드로562번길 38

의왕

레솔레파크

#레일바이크 #호수열차 #스카이레일

왕송호수공원으로 더 친숙한 레솔레파크는 기차^{Rail} + 태양^{Solar} + 호수^{Lake}를 합쳐 만든 이름으로 왕송호수를 배경으로 달리는 국내 유일의 호수 순환 코스의 레일바이크와 호수 열차를 즐길 수 있다. 350m를 하강하며 하늘 위를 나는 기분을 즐길 수 있는 스카이레일에 캠핑장까지 갖추고 있는 복합 레저 시설이다. 조류생태과학관과 철도박물관까지 함께 둘러보고 나니 반차 씨의 알찬 반나절 여행 코스가 되었다.

의왕시 왕송못동로 307

의왕

백운호수

#보리밥필수

호수 위에 길게 설치된 데크 길을 시작으로 생태 탐방로가 이어진다. 논과 호수 사이의 시골길과 간간이 먹거리가 있는 밭길이 나온다. 한 시간 정도 호수를 바라보며 산책을 하다 보면 오리 배를 탈 수 있는 보트장도 있으니 도전해보자. 백운호수에서 차로 10분 거리에 보리밥 골목이 있는데 오래된 맛집이 많아 반차 씨는 보리밥에 도토리묵, 동동주까지 곁들여 먹을 생각에 신이 났다.

의왕시 학의동 337-1

이천

시몬스 테라스점

#휴식이필요할때 #숙면체험가능

널찍하고 편안한 분위기, 심플하고 모던한 건물이 돋보이는 이천 시몬스 테라스점을 찾았다. 이곳은 일반적인 쇼룸의 형태가 아니다. 보여주는 것에서 그치는 것이 아닌 라이프 스타일 쇼룸 겸 브랜드의 취향을 반영한 복합문화공간이다. 라운지에는 시즌별 전시를 무료로 관람할 수 있고, 매트리스 랩에서는 시몬스 매트리스를 자유롭게 체험하고 숙면 솔루션 테스트도 해볼 수 있다. 반차 씨도 침대에 잠깐 누웠는데 이대로 잠들고 싶은 기분이었다. 시몬스 테라스점과 이어져 있는 햇살 맛집 이코복스 커피에서 맛있는 커피 한잔의 여유도 즐겨보자.

이천시 모가면 사실로 988

이천

에덴파라다이스호텔 정원

#알렉스더커피 #티하우스에덴 #세상의모든아침

에덴파라다이스호텔의 정원은 산속에 둘러싸여 있어 잘 가꾼 풀밭과 꽃밭, 연못까지 사진 찍기 좋은 장소가 곳곳에 숨어 있다. 알렉스더 커피 이천점은 용인, 성북, 기흥점과 더불어 식물로 가득 채워진 카페로 유명한데, 이천점은 정원 안에 위치해 있다. 외관은 아치형의 중세 유럽 벽돌 건물 같고, 넓은 내부에서는 여기저기 가득한 싱그러운 식물들과 어우러지는 고풍스러운 인테리어가 눈길을 끈다. 티를 마실 수 있는 티하우스 에덴, 식사를 즐길 수 있는 세상의 모든 아침도 입점해 있으니 이천으로 정원 나들이를 떠나보자.

이천시 마장면 서이천로 449-79

> 이천

이진상회

#대규모복합문화공간 #카페 #도자

이것저것 구경하는 걸 좋아하는 반차 씨. 5천 평 규모의 카페, 먹거리, 도자기, 가구 숍이 모여 있는 복합문화공간이 있다는 이야기를 듣고 이진상회를 찾았다. 정원 곳곳에 빈티지 도자와 가구들이 늘어서 있고, 카페로 들어서면 햇빛 가득한 온실 같은 카페를 만날 수 있다. 높은 천장과 큰 유리창을 통해 들어오는 따사로운 햇볕과 키가 큰 식물이 있어서 마음마저 편안해진다. 여러가지 디저트와 음료가 있어 고르는 재미도 쏠쏠하다. 여기저기 둘러보다 보면 다양한 도자기를 구경할 수 있고, 빈티지 가구들도 모여 있어 제대로 눈 호강을 할 수 있다.

> **이천시 마장면 서이천로 648**

이천

예스파크

#사부작사부작 #도자체험

이천 도자기예술마을인 예스파크는 수많은 도자 공방들이 모여 있어, 구매 또는 체험을 할 수 있는 곳이다. 평소 그릇 사는 걸 즐기는 반차 씨는 직접 도자를 만들 수 있는 체험이 있다길래 예스파크를 찾았다. 홈페이지에서 마음에 드는 공방을 찾아 미리 사전 예약을 하고 가면 나만의 도자기를 만들 수 있다. 사무실에서 종이컵 대신 머그잔을 사용하기 위해 반차 씨는 컵을 만들었다. 흙을 밀어 피고 다듬고, 붙이는 과정을 즐기니 머그잔에 애정이 더욱 샘솟는다. 손재주가 없어도 친절하게 알려주니 걱정 없다. 도자 체험을 즐기고 나와 다양한 스타일을 가진 공방을 둘러보며 기분 좋은 에너지를 느꼈다.

이천시 신둔면 도자 예술로5번길 109

> 하남

아쿠아필드

#여름엔워터파크 #겨울엔노천온천

아쿠아필드가 있는 스타필드는 쇼핑, 레저를 한곳에서 경험할 수 있는 쇼핑 테마파크이다. 쇼핑하며 맛있는 음식도 먹은 후 바로 연결된 3층 아쿠아필드에서 스파까지 즐길 수 있어 사계절 내내 이용할 수 있는 힐링 장소이다. 키즈룸과 구름방, 황토방, 불가마, 풋스파 등의 휴식 장소와 넓은 푸드코트, 스파스낵 시설 등이 알차게 꾸며져 있다. 반차 씨는 풋스파에서 멋진 한강 뷰를 보며 따뜻한 물에 발을 담그고 쉬다 보니 외국의 근사한 호텔 스파 못지않은 기분을 느꼈다. 여름에는 시원한 물놀이를 위해 다시 방문해야겠다.

하남시 미사대로 750 3층

미사경정공원

#조정 #카누경기장 #연날리러가자

가을에 단풍을 보려면 단연 미사리다. 그런데 이제는 핑크뮬리까지 볼 수 있다니. 반차 씨는 서둘러 미사경정공원으로 향했다. 천천히 산책로를 걸으며 사진을 찍다 보면 이내 출출해진다. 간식과 돗자리를 가지고 잔디 어디든 자리 잡아 앉으면 하늘에 떠다니는 연과 새, 여기저기서 들리는 대화 소리와 웃음소리가 마음을 평온하게 한다. 탱탱볼과 배드민턴, 자전거 등은 단연 필수 아이템. 먹거리가 부족하다면 매점에서 보충하면 그만이다. 텐트나 그늘막은 설치 불가이니 참고하자.

하남시 미사대로 505

주렁주렁 하남

#어른들도꿀잼

야생의 서식지에서 포획된 것이 아닌 농장이나 동물원에서 태어나 사람의 손에 의해 길러진 동물들이 모여 있는 실내 동물원 주렁주렁. '주렁주렁'은 동물원을 뜻하는 'zoo'와 삭막한 도심 한가운데 산소를 공급하는 녹지대를 뜻하는 'green lung'의 합성어이다. 어떠한 동물 쇼도 하지 않고 사람과의 안전한 거리 내에서 교감을 진행한다는 점에서 동물들의 자유와 보호를 최대한 중시한다. 안내 영상을 보고 주렁주렁 숲에 진입해 각 테마에 맞게 다양한 서식지에서의 동물들 모습을 볼 수 있다. 가까이서 직접 먹이를 주는 체험과 닥터 피쉬 체험 등을 해볼 수 있고, 여유 있게 3시간 정도 귀엽고 신비로운 동물들과 함께할 수 있다.

하남시 하남유니온로 120

하남 나무고아원

#나무들이속닥속닥 #나무야아프지마

나무고아원은 갈 곳 없는 나무들을 옮겨 심고 가꾸어 가로수나 공원, 녹지대 조경수로 새롭게 태어나도록 하는 곳이다. 미사리 일대 30만㎡ 규모로 조성된 이곳에서는 6천여 그루의 버려지고 다친 나무들을 치료해 시민들의 품으로 돌려보냈다. 도로 신축 공사와 아파트 건설 현장에서 버려진 나무들은 나무고아원에서 새로운 생명을 얻고 있는데, 이곳에서는 아픈 나무들을 한약재 찌꺼기, 톱밥, 유기질 비료, 각종 영양제로 보살펴 조경수로 키워낸다. 사연 있는 나무들의 특별한 이야기를 알아보는 좋은 체험이 될 것이다.

하남시 미사동 607

하남

유니온파크

#남다른모양새

지하에 하수, 폐기물, 음식물, 재활용 처리 시설 등의 환경 기초 시설이 있는 곳으로, 지상에 체육 시설을 겸한 공원 및 전망대, 생태연못 등을 구성했다. 하남시의 랜드마크로 자리 잡고 있는 유니온파크는 우리에게 늘 혐오 시설이라 여겨지는 곳을 재탄생시켜 관광지로 개발한 국내 대표 사례가 되고 있다. 105m 상공의 탁 트인 전망대에서 하남 주변의 크고 작은 랜드마크들을 한눈에 담으면 높은 산에 오른 듯한 뿌듯함이 밀려온다.

하남시 미사대로 710

화성

국화도

#서해의외로운섬

섬에서 많이 채취되고 있는 조가비가 국화꽃을 닮아 국화도가 되었다고 전해지는 작은 섬. 바지락, 굴 등 어패류 채취를 주업으로 하는 도서 지역 어촌이다. 궁평항에서 배를 타고 40분, 장고항에서 10분 정도 걸려 도착한다. 배를 타고 들어가는 여행이라 신난 반차 씨. 국화도 옆에는 형제처럼 나란히 도지섬과 매박섬이 있는데, 썰물 때 국화도와 도지섬 사이, 국화도와 매박섬 사이의 갯바위와 모래밭이 드러나 걸어서 건너갈 수 있다. 갯벌 체험과 매박섬에서의 조개껍데기 언덕에서 인생 샷도 남겨보자.

화성시 우정읍 국화리 100

화성

궁평리 어촌체험마을

#갯벌체험 #수상레저체험 #해산물먹거리체험

서해안에 위치한 어촌인 궁평리 마을은 한적한 바다 풍경을 바라보며 휴양과 어촌 체험이 가능하다. 조개 잡기나 갯벌 썰매 타기 등의 갯벌 체험, 딩가보트, 페달보트, 카약 등의 수상 레저 체험, 갯벌의 해산물을 이용해 만드는 슬로푸드와 굴밥, 바지락칼국수 등의 먹거리 체험도 할 수 있다. 낮에는 어촌을 거닐면서 산책을 즐기고, 저녁에는 푸짐한 해산물을 즐겨보자.

화성시 서신면 궁평항로 1069-11

화성

제부도

#모세의기적 #타이밍잘맞춰

우리나라에서 '모세의 기적'이라고 불리며 바닷물이 열리는 곳이 있는데, 그중 하나인 제부도는 조수 간만의 차에 의해 2.3km의 물길이 하루에 두 번 썰물 때마다 갈라진다. 1~3m 깊이의 바닷물이 빠져나가면 갯벌을 가르는 너비 6.5m의 길이 드러나는데 이 길 양쪽으로 폭이 50m가 넘는 갯벌이 펼쳐진다. 반차 씨도 제부도로 들어가 바다 위의 해안 산책로를 따라 거닐어보고 백사장도 거닐어본다. 백사장이 끝나는 지점에 매바위가 보이며 해안 도로 옆으로 제부도 음식문화 시범 거리가 있어 맛있는 해산물 음식을 먹으며 하루를 여유롭게 마무리한다.

화성시 서신면 제부리

화성

우음도

#한국의세렝게티 #인생샷

여름에는 드넓은 초원이, 가을에는 갈대밭이 멋진 우음도는 한국에서 보기 힘든 풍경을 가지고 있다. 이 때문에 셀프 웨딩 사진이나 다양한 사진 촬영을 하러 오는 이들이 많아져 반차 씨도 출동했다. 시화방조제로 바닷물이 막히기 전에는 섬이었던 우음도는 그 모양이 소를 닮아 붙여진 이름이다. 시화호 갯벌에서 발견된 공룡알 화석으로 인해 천혜의 공룡알 화석지가 된 수도권 유일의 화석공원이기도 하다. 이렇게 멋진 풍경을 자랑하지만 개발 논리로 인해 사라질 위기에 처했다고 하니, 없어지기 전에 꼭 방문하길 추천한다.

화성시 송산면 고정리 1195-2

화성

송산그린시티전망대

#가슴이답답할땐 #탁트인곳에서

우음도의 해발 100m에 세워진 전망대는 시화호의 물이 하늘로 솟아오르는 형상을 딴 나선형 건물이다. 송산그린시티 사업 지구와 철새 도래지, 공룡알 화석산지, 시화호 및 주변 지역을 관망할 수 있다. 반차 씨는 전망대에 올라보니 꽤 높아 놀랐는데, 옥상 전망대는 5층이지만 우음도 위에 있어서 실제로는 아파트 15층 높이다. 전망대에 올라서면 탁 트인 공간에서 시화호를 가로지르는 평택시흥고속도로, 배곧신도시의 모습을 볼 수 있다. 5분 거리에 고정리 공룡알화석산지가 있어 자연 관찰과 산책을 동시에 할 수 있다.

> 화성시 송산면 고정리 산 1-38

회사에서 잠시 벗어나 나만의 시간을 보내니 일상에 생기가 돈다.
휴대폰 사진첩을 보며 오늘 있던 소소한 즐거움을 마음에 새긴다.
근심 걱정을 훌훌 털어버리고 내일도 가뿐한 마음으로 즐겁게
지내기 위해 하루를 마무리한다.

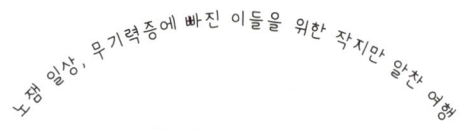

반 차 여 행

초판 1쇄 인쇄 2020년 03월 20일
초판 1쇄 발행 2020년 04월 13일

지은이	지콜론북 편집부	펴낸곳	지콜론북
펴낸이	이준경	출판 등록	2011년 1월 6일 제406-2011-000003호
편집장	이찬희	주소	경기도 파주시 문발로 242 파주출판도시 (주)영진미디어
총괄부장	강혜정	전화	031-955-4955
편집	김아영, 이가람	팩스	031-955-4959
디자인팀장	정미정	홈페이지	www.gcolon.co.kr
디자인	정명희	트위터	@g_colon
일러스트	정세이	페이스북	/gcolonbook
마케팅	정재은	인스타그램	@g_colonbook

ISBN 978-89-98656-95-9 12980
값   12,800원

이 도서의 국립중앙도서관 출판시도서목록 (CIP)은 서지정보유통지원시스템 홈페이지 (http://seoji.nl.go.kr)와
국가자료공동목록시스템 (http://www.nl.go.kr/kolisnet)에서 이용하실 수 있습니다. (CIP제어번호 : 2020011395)

이 책은 저작권법에 의해 보호를 받는 저작물이므로 무단 전재와 복제를 금합니다.
또한 이미지의 저작권은 작가에게 있음을 알려드립니다.
The copyright for every artwork contained in this publication belongs to artist. All rights reserved.

잘못된 책은 구입한 곳에서 교환해 드립니다.
지콜론북은 예술과 문화, 일상의 소통을 꿈꾸는 ㈜영진미디어의 출판 브랜드입니다.